Karl Bleibtreu

Paradoxe der conventionellen Lügen

Karl Bleibtreu

Paradoxe der conventionellen Lügen

ISBN/EAN: 9783743423169

Hergestellt in Europa, USA, Kanada, Australien, Japan

Cover: Foto ©Thomas Meinert / pixelio.de

Manufactured and distributed by brebook publishing software (www.brebook.com)

Karl Bleibtreu

Paradoxe der conventionellen Lügen

*MASTER NEGATIVE
NO. 93-81323-3*

MICROFILMED 1993

COLUMBIA UNIVERSITY LIBRARIES/NEW YORK

as part of the
"Foundations of Western Civilization Preservation Project"

Funded by the
NATIONAL ENDOWMENT FOR THE HUMANITIES

Reproductions may not be made without permission from
Columbia University Library

COPYRIGHT STATEMENT

The copyright law of the United States - Title 17, United States Code - concerns the making of photocopies or other reproductions of copyrighted material.

Under certain conditions specified in the law, libraries and archives are authorized to furnish a photocopy or other reproduction. One of these specified conditions is that the photocopy or other reproduction is not to be "used for any purpose other than private study, scholarship, or research." If a user makes a request for, or later uses, a photocopy or reproduction for purposes in excess of "fair use," that user may be liable for copyright infringement.

This institution reserves the right to refuse to accept a copy order if, in its judgement, fulfillment of the order would involve violation of the copyright law.

AUTHOR:
BLEIBTREU, CARL

TITLE:
PARADOXE DER CONVENTIONELLEN ...

PLACE:
BERLIN
DATE:
1888

COLUMBIA UNIVERSITY LIBRARIES
PRESERVATION DEPARTMENT

Master Negative #
93-81323-3

BIBLIOGRAPHIC MICROFORM TARGET

Original Material as Filmed - Existing Bibliographic Record

```
177.3    Bleibtreu, Karl, August, 1859-1928.
B61      Paradoxe der conventionellen
         lügen ... 6 aufl.
         Berlin, 1888.  0. 4 + 108 p.

43068
```

Restrictions on Use:

TECHNICAL MICROFORM DATA

FILM SIZE: _____ REDUCTION RATIO: /:
IMAGE PLACEMENT: IA (IIA) IB IIB
DATE FILMED: _____ INITIALS____
FILMED BY: RESEARCH PUBLICATIONS, INC WOODBRIDGE, CT

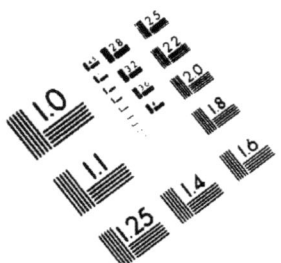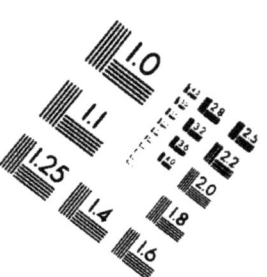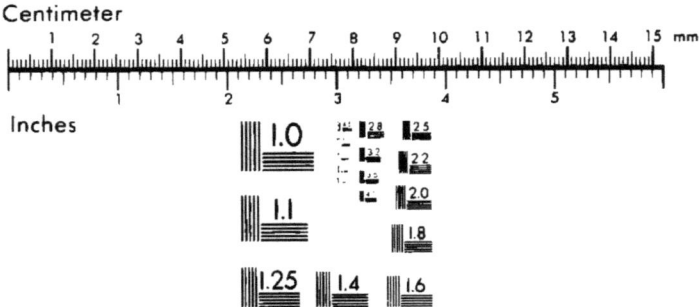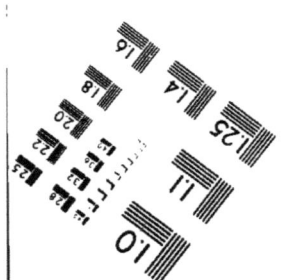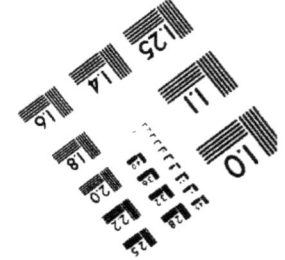

MANUFACTURED TO AIIM STANDARDS
BY APPLIED IMAGE, INC.

177.3　　　B61

Columbia College
in the City of New York.
Library.

GIVEN BY

Prof. G. R. Carpenter

Volks-Ausgabe.

Carl Bleibtreu.

Paradoxe
der
conventionellen Lügen.

„Das war ebene parabel, aber uns
bedeutet es" … Herr Anthon.
Hamlet.

Sechste Auflage.

Berlin W.
Hugo Steinitz Verlag
1880.

Paradoxe

der

conventionellen Lügen

von

Carl Bleibtreu.

„Die Welt stehet paradox aber nu
bestiegt es" Herr Hamlet.
Hamlet.

Sechste Auflage.

Berlin.
Hugo Steinitz, Verlag.
1888.

Alle Rechte vorbehalten.

Vorrede.

Max Nordau hat seinen „Conventionellen Lügen" durch eine neue Offenbarung ein neues Relief gegeben, für welche er selbst die Bezeichnung „Paradoxe" beliebt hat. In der Vorrede erhebt er sich wieder zur vollen Höhe seines Idealismus, indem er im ehrlichen Streben nach der Wahrheit, im Suchen, nicht im Finden seinen einzigen Lohn sucht. Das hindert ihn natürlich nicht, mit apodiktischer Bestimmtheit all seinen „Paradoxen" trotzvolle Worte zu leihen, deren blendende Dialektik manches Begriffsvermögen verwirren mag.

Wir sind nicht gelehrt genug, um ihm schon jetzt gründlich auf all' die Gebiete zu folgen, in welchen seine schwungvolle Zukunftsphantasie und seine kühne Gesprächigkeit sich ergeht. Aber mit aller Hochachtung vor seiner glänzenden Feder und wissenschaftlichen Gründlichkeit, mochten wir es uns nicht versagen, einige Bemerkungen aufzuzeichnen, wie ein hinter dem naturwissenschaftlich gebildeten Zeitgeist zurückgebliebener Idealismus sie uns eben eingab. Es sind nur einige der wichtigsten Themas von allgemeinem Interesse, deren übereinstimmende Behandlung in dem neuen Ergänzungsbuch, mit dem alten zusammengehalten, wir etwas näher beleuchten möchten.

Nicht zufrieden mit dem Nutzen, die „Ehelüge" gesunden zu haben, bietet uns Nordau nunmehr noch eine „Naturgeschichte der Liebe." Nach Zergliederung der „aristokratischen Lüge," hat er jetzt auch weidlich an der geistigen Aristokratie sein Messer gewetzt und uns sogar mit einer „Psycho-Physiologie des Genies und Talents" erfreut. Auch über „Leben und Dichtung" blieben ihm einige ganz neue Betrachtungen vorbehalten.

Wie gesagt, wie fühlen uns durchaus nicht berufen, die Keule der Wissenschaft zu schwingen. Handhabt doch der große Stylist Nordau auch nur ein feingeschliffenes zierliches Stilet, eine literarische Florettklinge

1*

die wesentlich in belletristisch-künstlerischer Behandlung des Stoffes ihre Schärfe zeigt. Da er in populärem Ton seine neuen Wahrheiten zu verkünden sucht, so ahmen wir sein Beispiel pietätvoll nach. Er sagt, er sei ein Unberufener. Möge er auch und daher gestatten, als Unberufener so Manches seiner Dogmen anzuzweifeln, das uns nicht recht plausibel erschien.

Wir sind uns zwar unseres Wagestückes wohl bewußt. Lange fesselte Ehrfurcht unsre Zunge. Weiß doch der kühne Prophet in dem Vorwort zur 4. Auflage seines epochalen Werkes auf seine Verwandtschaft mit Jesus von Nazareth hin!! Alle Anseindungen der Unwissenden haben, wie er so richtig bemerkt, weder die Gedanken von Nazareth noch von Max Nordau gehindert, „ihren Weg zu machen."

Ja, das ist unzweifelhaft. Eine Woche lang bei uns die Presse mit den interessanten Daten der verkauften Exemplare und des enormen Honorars unterhalten, welches unser neuer Rabbi durch seinen ehrlichen Kreuzzug wider die Lüge erzielte. Er freilich ist über derlei kleinliche Nebendinge erhaben. Sein Herz schlägt allein der Wahrheit, sowie auch der Menschheit. Wen ergriffe es nicht, wenn er ausruft: „Wenn man zu verstehen giebt, mein Buch sei eine Buchhändler-Spekulation, so drücke ich den armseligen Menschen, die in den niedrigsten Beweggründen die Ursache einer Manneshandlung erspüren, mein tiefes Mitleid aus."

Weihe er auch uns sein Mitleid! Wir vermögen es nicht, und zur vollen Selbstverläugnung seines Märtyrerthums aufzuschwingen, und läugnen nicht, daß uns einiger Absatz dieser bescheidenen Zeilen von ganzer Seele erwünscht wäre. Der Märtyrer sitzt in Paris, um uns populär auszudrücken, „fern vom Schuffe". Noch oft hoffen wir daher aus sicherer Ferne sein Geschoß erklirren zu hören, welches die Brust Geßler's bedräut. Und immer werden wir dann freudig aufs Neue die Flugkraft seiner Pfeile bemessen und begrüßen: Das ist er, der neue „Gedanke von Nazareth," das ist Tell's Geschoß!

Der Verfasser.

Die Naturgeschichte der Liebe und die Ehelüge.

I.

Das berühmte Kapitel Nordau's über die „Ehelüge" beginnt mit der Behauptung, daß allein die Geschlechtsbeziehungen für das Absterben oder die Lebenskraft einer Gattung und Nation zuverlässige Symptome bieten.

Es ist nun schon dies keineswegs so erwiesen, wie der Verfasser annimmt. Das alte Rom erzeugte seine größten Männer in einer Zeit moralischer Entartung. Die höchste Blüthe der hellenischen Kultur fiel mit einer Periode gründlicher Unsittlichkeit zusammen. Man könnte nun freilich einwenden, daß nach Perikles, Phidias, Aristophanes, Euripides, Alkibiades, Sokrates der Niedergang der hellenischen Race begonnen habe, obwohl diese ja noch sehr viel später in Erscheinungen höchsten Ranges wie Alexander, Aristoteles, Demosthenes ihre Lebenskraft bewies. Aber dieser Einwurf wird nicht viel helfen. Denn bereits in den ersten Anfängen des griechischen Volkes, in den Gesetzgebungen des Solon wie des Lykurg, finden wir die bedenklichsten und deutlichsten Anzeichen, daß grade die Geschlechtsbeziehungen, speziell Ehe und Kinderzeugung, bei dieser jugendlich frischen Race in hohem Grade zerrüttet waren.

ähnlich finden wir in der italienischen Renaissance und in der Hohenstaufenzeit eine gründliche Verwirrung der Geschlechtsbeziehungen. Auch haben die später zu entwickelnden Wehschreie Nordau's über die conventionellen Motive der Eheschliessung, den Antagonismus von Ehe und Liebe, zu allen Zeiten die gleiche Berechtigung gehabt wie heut. Wohl nie mehr, als in der engbrüstig verschnörkelten Zopf- und Rococoperiode des vorigen Jahrhunderts — und doch hat gerade dieses, allen berechtigten Jeremiaden Rousseau's über die allgemeine Unnatur und allen Leiden des jungen Werther zum Trotz, eine unerschöpfliche Fülle genialer Individuen erzeugt und grade in Frankreich, das am schwersten an sittlicher Fäulniss krankte, eine Generation der Mirabeau und Bonaparte geboren, von deren unerhörter Lebenskraft wir noch heute zehren.

Hieraus geht nun hervor, dass die Geschlechtsbeziehungen, welche der naturwissenschaftlichen Allwissenheit des Materialismus natürlich als Centralpunkt erscheinen, durchaus nicht das einzig Bestimmende sein können, also auch die Verwirrung der Geschlechtsbeziehungen in der sogenannten Ehelüge nicht die bestimmenden unheilvollen Folgen haben dürfte, wie Nordau sie in den abschreckendsten Farben ausmalt.

Seine Deductionen laufen im Wesentlichen darauf hinaus, heutzutage (früher nicht?!) seien alle natürlichen Instincte der Selbstsucht und Heuchelei geopfert, die Ehe sei ganz allgemein nur eine materielle Uebereinkunft geworden. Die Liebe selbst sei instinctive Erkenntnis eines Wesens, es müsse sich einem bestimmten Wesen des anderen Geschlechts paaren, um die naturnothwendige Ergänzung für die Fortpflanzung zu finden, welche die Erhaltung und Verbesserung der Gattung zum Zweck habe. „Wahlverwandtschaft," dieses Goethe'sche Wort gebe eine erschöpfende Definition dieses Triebes.

Er klagt ferner das Christenthum an, dass es die Geschlechtsbeziehungen an sich verdamme (wo sind die Belege dafür?) und

die gesunde Auffassung der Antike verwirrt habe. Was diese gesunde Auffassung der Antike anbelangt, so braucht man blos Plato's Symposion zu bestaunen, in welchem uns raffinirten Verirrungen der Sinnlichkeit als etwas ganz Natürliches naiv entwickelt werden. Wenn Nordau sich soweit versteigt zu fordern, dass der Paarungsakt öffentlich ausgeübt werden möge, um die Aufregung der jugendlichen Phantasie durch das scheue Verhüllen der Geschlechtsdinge zu verhüten, wodurch die Jugend unberührter von vorzeitigen Begierden bleibe, — so sieht dies fast wie ein schlechter Spass aus. Das Lob der orientalischen Civilisation von diesem Standpunkt kann doch wohl nur ein Achselzucken erregen. Also die antike Jugend, welche sich dem unnatürlichsten Laster hingab, blieb unberührter von vorzeitigen Begierden?! — — Endlich und vor allen Dingen läuft Nordau gegen die Ehe Sturm und erklärt „Treue" für widersinnig, Monogamie für unnatürlich.

In seinem neuesten Werke behauptet nun der unerschrockene Prophet, dass es verpönt sei, die Entstehungsweise der Liebe zu untersuchen, und die emotionellen Duseler erhöben darob ein Zetergeschrei. Es gebe aber bei der Liebe mit ganz natürlichen Dingen zu u. s. w.

Es braucht kein Geist vom Himmel herzukommen, um das zu sagen! Wenn wir also Nordau's Ansichten nicht billigen, sondern zu entgegengesetzten Schlüssen kommen, so mag er uns zugestehen, dass wir in nachfolgenden Anti-Paradoxen uns keiner „Duselei" befleissigen.

II.

Die Ehe ist von vornherein der einzig mögliche Weg zum Glück. Lieben zwei Liebende sich derartig, dass es ihnen Pein verursacht von einander getrennt zu leben, so ist dies das einzige Band, das sie vereinen kann. Religion und Moral ganz aus dem Spiel gelassen, müssen alle sonstigen Liaisons nothwendig zum Unglück führen. Die Erniedrigungen und Peinigungen, denen ein Weib unter solchen Umständen ausgesetzt ist, üben einen natürlichen Einfluß auf ihre Gemüthsverfassung aus, der allmählich dazu führt ihr den Reiz zu rauben, der anfangs des Geliebten Zärtlichkeit gewann. Sie schwebt in stetem Argwohn. Ihre Selbstachtung mindert sich und sie wird doppelt eifersüchtig auf ihn, für den sie diese verlor und von dem sie abhängt. Der Mann allein soll sie entschädigen für die Achtung, welche ihr die „conventionelle Lüge" der Welt versagt. Und wenn er gefühlvoll genug ist, dies zu empfinden, so beugt er sich unter ein Joch, viel härter als das der Ehe, ohne seine Anständigkeit.

Jedes Wesen fühlt das Lieben als eine Nothdurft der Natur. Mit diesem Bedürfniß befriedigt sofort die erste Person, die einem aufstößt. Im Allgemeinen dürften diejenigen, welche die meiste Phantasie besitzen, am beständigsten in ihren Neigungen sein. Denn indem sie ihr Ideal mit dem Object ihrer Neigung identifiziren, sehen sie dasselbe durch das verschönernde Medium ihres Gehirns. Steht auch die Zeit die Rose der geliebten Wange und den Glanz dem Auge, immer bleibt das geträumte Ideal mit überwältigender Lieblichkeit gegenwärtig.

Nur in der Ehe jedoch kann aus der alles absorbirenden Leidenschaft der geschlechtlichen Liebe sich jene zärtliche Freundschaft entwickeln, die aus dem berauschenden schäumenden Most sich in sanfte Gefühle abklärt, die nach jenem Orkan der Selbstsuchtbefriedigung erfrischende Ruhe bringt und eine zarte Sympathie für die Person steigert, welche jene unruhvolle Fieber einstmals theilte. Die Gemeinsamkeit des Interesses, der Sorgen und Freuden knüpft die Bande der Gewohnheit und des gegenseitigen Ergänzungsbedürfnisses dann unauflöslich.

Es ist aber freilich Grundbedingung solcher lebenslangen Freundschaft, daß die Eigenschaften dazu vorhanden seien. Wer daher, wie Herr Nordau empfiehlt oder vielmehr als zwingendes Gesetz erklärt, nur die physischen Eigenschaften ins Auge faßt, welche zur Durchführung der Zuchtwahl verlocken, wird naturgemäß aus dem Taumel der geschlechtlichen Sinnenbefriedigung in der Ehe zu einer oft unheilbaren Trübsal erwachen. Denn aller geschlechtliche Ergänzungsreiz kann nie und nimmer eine Befriedigung gewähren, wie Uebereinstimmung der Charactere und der Bildung. In der bloßen sinnlichen Begierde liegt ja außerdem naturgemäß ein Element der Selbstsucht, das sich, wenn der Appetit an einem Gerichte gestillt ist, einem neuen Gerichte zuwendet, das appetitreizend wirkt. Unter diesen Umständen ist dann freilich die Ehe ein Unding und dem wüstesten Geschlechtsgenuß Thür und Thor geöffnet.

Wenn nun aber Herr Nordau die Möglichkeit der Monogamie bestreitet, so ist dies eine doktrinäre Behauptung, die von zahllosen Individuen aus Erfahrung bestritten werden dürfte. Freilich ist es unwahr, wenn er erklärt, der Mann könne mehrere Frauen zugleich mit gleicher Zärtlichkeit umfassen. Alfred de Musset hat in einer geistvollen Novelle „Les deux maitresses" dies Problem analytisch behandelt und kommt dort zu dem Ergebniß, daß die eine der beiden Liebschaften als die schwächere und falsche erkannt wird. Im Allgemeinen wird man aber sogar behaupten können, daß jedes gutartige Geschöpf beiderlei Geschlechts immer nur eine Liebe zu gleicher Zeit im Herzen trägt. Ist diese Liebe nun glücklich und wird ihr durch die Geseztraft der Ehe der Stempel der Unveränderlichkeit aufgedrückt, so ist die Mär von Philemon und Baucis, die bis ins hohe Greisenalter nur im gegenseitigen Umgang ihre Glückseligkeit finden, ganz der menschlichen Natur entsprechend.

Nordau selbst betrachtet ja den Menschen als ein Geschöpf, das in erster Linie nach Glück strebt. Glück ohne Ruhe und Seelenfrieden ist unmöglich, da der Mensch nun einmal keine fühllose Maschine ist. Jeder Wechsel aber bedingt Unbehagen. Somit ist die monogamische Ehe das einzig Vernünftige und Natürliche.

Die Ehe ist aber noch in weiterer Hinsicht eine Nothwendigkeit und von Einfluß auf die geschlechtlichen Leidenschaften — nämlich betreffs der Nachkommenschaft. Nur innerhalb der Ehe ist eine Erziehung der Kinder möglich, welche die Leidenschaften von Anbeginn zähmt und mildert. Denn indem Erziehung den Geist erweitert und Quellen geistiger Beschäftigung eröffnet, füllt sie die Zeit aus und entreißt den Leidenschaften die Muße, wodurch sie bei Faulen und Unwissenden sich voll entwickeln. Daher denn in den unteren Klassen die Leidenschaften viel unbändiger auftreten können.

Untersuchen wir aber das wirkliche Wesen der Liebe vom ethischen Standpunkte aus, so werden wir sofort erkennen, daß nur die Ehe ihre Erfüllung sein kann. Liebe ist nicht bloß Sache des Gefühls, sondern sie wohnt im tiefsten Grunde des Willens. Liebe heißt vor Allem: Nicht sich selbst wollen. Liebe ist Selbstverleugnung und dadurch der gerade Gegensatz der Selbstsucht. Das ist das Merkmal der Liebe, daß sie sich dem Anderen unterordnet. Deswegen sind Mitleid und Bewunderung so mächtige Nährgefühle der Liebe. Das Wort des Evangeliums sagt: Geben ist seliger denn nehmen. Was kann man aber Höheres geben als sich selbst?

Die Selbstsucht ruft beständig: Ich, ich! wie Napoleon in einem Brief an Josefine zornig betont: „Ich habe das Recht, auf all' Ihre Klagen mit einem beständigen Ich zu antworten." Die Liebe hingegen vergißt sich völlig über dem Du. Auch das Leid, das etwa der Liebende vom Geliebten erfährt, zerstört seine Liebe nicht, sondern bringt sie ihm um

so stärker durch den Schmerz zur Empfindung. — Die Liebe ist das Prinzip der größten Freiheit und eine innere Nothwendigkeit, welche eins ist mit der Freiheit. Wahre Liebe ist nicht der Rausch der Sinne, sondern die ruhige Entschlossenheit der Seele. Sie ist die einzige Poesie des Lebens, sobald ihr unruhiges Suchen ihr wirkliches Ziel gefunden hat. Alle Liebe kann nur monogamisch sein.

Die sinnliche Liebe ist hingegen die selbstsüchteste Leidenschaft. Aber denkt je in solchem Falle an das Glück des geliebten Gegenstandes, außer in Verbindung mit dem eigenen? Nie existirt solche Liebe ohne Eifersucht, dem sichersten Kennzeichen der Selbstsucht. Wir sehen die geliebte Person glücklich in der Gesellschaft eines Anderen und wir sähen sie lieber unglücklich mit uns selber.

Da aber nun Herr Nordau von seinem materialistischen Standpunkt aus nur eine solche Liebe zu goutiren scheint, so erscheinen seine weltschmerzlichen Jeremiaden vollkommen hinfällig. Denn wenn allein der fleischliche Gattungstrieb entscheidet, so wird jede Ehe, auch ohne sogenannte „Liebe" geschlossen, ja eine Befriedigung sinnlicher Geschlechtstriebe gewähren können, so lange die psychische Gesundheit beider Theile diesen animalischen Genuß gestattet. Wenn ausnahmsweise ein reicher Rückenwackler oder ein Buckliger vermöge seiner Geldsack sich eine Schönheit erkauft, so ist das freilich im Interesse der armen Schönheit zu bedauern. Aber auch hier ist noch gar nicht einmal gesagt — so unendlich selten ein solcher Fall vorkommen mag — daß daraus eine unglückliche Ehe erfolge. Den idealen Standpunkt, daß Herzens- und Geisteseigenschaften des Kranken oder Ungestalten das weibliche Gemüth entschädigen könnten, gar zu Seite gelassen — kennt Herr Nordau nicht die schöne Anekdote in Ariost's „Rasenden Roland" von dem schönen König, der Königin und dem Zwerg?! Die sinnliche Liebe der Frauen soll ihre Schrullen haben.

Es ekelt uns wirklich, diesen cynischen Ton anschlagen zu müssen. Wer aber ewig nur von „Zuchtwahl" und Fortpflanzung redet und dabei wie ein neuer Werther über die unglückliche Liebe tragähet, labet von selbst dazu ein.

Die Verachtung der Religion und speziell des Christenthums trägt auch wesentlich zu der allgemeinen Verkennung bei, mit welcher Herr Nordau die Ehe zu betrachten scheint. Lese er darüber den trefflichen fünften Vortrag im dritten Bande von Lutharbt's „Apologie des Christenthums". Seine Tiraden über die Einmischung der Kirche in die Ehe sind wenig realistisch gedacht, da sie auf das Wesen der Frau keine Rücksicht nehmen. Es liegt etwas Unweibliches in dem Mangel an Religion, das dem Weibe seinen eigenthümlichen Reiz raubt.

Wenn Nordau die religiöse Anschauung aus den Geschlechtsbeziehungen verbannt wissen will, so negirt er damit ein wesentliches Moment des Frauenherzens, das in doppelter Hinsicht wohlthätig wirken muß. Wäre es nämlich nach Nordau die höchste Tugend der Frau, unter allen Umständen an dem einen Ideal ihrer Liebe festzuhalten, so kann ihr nur der in ihr so lebendige religiöse Sinn die Stärke des weltverachtenden Idealismus verleihen, allen äußern Rücksichten und „conventionellen Lügen" zum Trotz für ihre Liebe zu bulden. In der Ehe aber, auch wenn ohne Liebe geschlossen, wird nur der trübliche Idealismus des religiösen Gefühls ihr den Opfermuth der Pflichterfüllung gewähren und sie gegen jede Lockung wappnen.

Was ferner den löblichen Haß Nordau's speziell gegen das Christenthum anbelangt, so wird hier seine Oberflächlichkeit erst recht erkennbar. Von einer Zuchtwahl in seinem Sinne konnte im ganzen Alterthum keine Rede sein, wo auf die Kinderzeugung schon in der frühesten Kindheit der zwei großen Kulturvölker besondere Prämien gesetzt werden mußten, wo die krasseste Unnatur der sinnlichen Befriedigung wie

männiglich bekannt allgemein herrschte und die Frau überhaupt eine so untergeordnete Rolle spielte, daß von ihrem, von Nordau selbst als hauptsächlich bestimmend erkannten, Einfluß auf die „Wahlverwandtschaft" und Zuchtwahl füglich nicht geredet werden darf. Indem das Christenthum die Frau befreite und die monogamische Ehe als einzig sittliche Befriedigung der Geschlechtsbeziehungen hinstellte, wurde zuerst die Ausübung der natürlichen Gesetze der Zuchtwahl ermöglicht.

Im zwölften und dreizehnten Jahrhundert, diesem höchsten Culminationspunkt der altchristlichen Weltanschauung, schuf der mit dem Marien-Kultus verknüpfte Frauenkultus eine deutliche Ausbildung dieser Gesetze. In Turnier, Fehde und Minnesang wurde offen um die Gunst des Weibes als höchsten Kampfpreis gerungen, und der Muthigste und Beste errang denselben, unterm Beifall der Welt, wenig gehemmt durch „conventionelle Lügen". Der Darwinische Kampf um's Dasein, der in der Liebe nur das Recht des Stärkeren erkennt, war hier schwungvoll in Permanenz erklärt. · Vermochte aber ein solcher ritterlicher „Minner" in Folge besonders unglücklicher Verhältnisse sich nicht dem ersehnten Weibe zu paaren, so blieb es ihm unbenommen, als ihr „Freund" mit ihrer Schärpe oder ihrem Handschuh die Welt zu durchziehn, zu ihrem Preise tjostend oder fugend, als eine Art besonderer Seelenbrautschaft.

Diese poetische Verklärung der Geschlechtsbeziehungen mag unserem nüchternen und denkenden Zeitalter lächerlich erscheinen. Es ist aber psychologisch zu bemerken, daß der würdige Werther sich um Lotte sicher nicht todtgeschossen hätte, wenn ihm ein solches, durch die christliche Weltanschauung des Mittelalters geheiligtes, offenkundiges Seelenbündniß von der Welt gestattet wäre. Dieser platonische Idealismus machte den Gefühlen des physisch unbefriedigten „Minners" Luft und gab der ganzen Auffassung der Geschlechtsbeziehungen eine keusche Zartheit, die im Innern ein glückliches Asyl erbaute. Die „unglückliche

„Liebe" ist überhaupt ein hochwichtiger Faktor im Haushalt der Natur. Schwächliche Organismen ohne Lebenskraft zerrüttet er, lebensstarke stärkt er in jedem Falle.

Herr Nordau wird gewiß den ganzen romantischen Plunder als übergeschnappte Gehirnaffektion bezeichnen — natürlich wieder ohne Rücksicht darauf, daß nach seiner eigenen Evolutionstheorie alles und jedes Bestehende an sich berechtigt und naturgemäß erscheinen muß.

Hier heißt es aber: An ihren Früchten sollt ihr sie erkennen. Der Ritter, der für die platonische Huld seiner Dame sich in den Kreuzzug warf und die spätere Renaissancekultur für das Abendland mit eroberte, wird der Geschichte und der Natur sicher als nützlicher und würdiger gelten, wie der gerissenste Materialist, der vielleicht mittlerweile daheim die Gelegenheit benutzte, um des Ritters Donna über die Physik der Geschlechtsbeziehungen zu unterrichten. „Le seul amour c'est l'amour charnel" läßt ein neufranzösischer Poet den Tannhäuser singen, im Wettkampf mit Wolfram von Eschenbach. Nun das deutliche Mittelalter war mit Parzival anderer Ansicht und erkannte in dem Opfertod der reinen Magd im „Armen Heinrich" sein Ideal von der wahren Liebe. Auch möchten wir beiläufig Herrn Nordau darauf hinweisen, daß selbst in dem brünstigsten Hohelied der Sinnlichkeit, dessen Dichter sicher keine „conventionelle Lüge" scheute, in „Tristan und Isolde" die Liebe ganz monogamisch auftritt, wie in der Episode von den beiden Isolden verdeutlicht.

Herr Nordau wird also über diese Mittelzeit der christlichen Weltanschauung, von welcher wiederum das neunzehnte Jahrhundert in der ersten Hälfte (der Zeit der Romantiker) ausgeht, höchstens urtheilen können, das sind dumme Kerle (die in allen idealen wie praktischen Dingen Unsterbliches geleistet, so sehr der „Aufkläricht" der naturwissenschaftlichen Doctrinäre, wie z. B. in Bulle's sogenannter „Geschichte der Civilisation" des Mittelalter zu verachten vorgiebt) hätten noch nicht Darwin gelesen. Daher denn ihr Schmachten und Seufzen und ihre monogamische Frauenanbetung, ohne sich über den einzig wahren Zweck der Liebe, die physische Geschlechtsbeziehung, klar zu werden.

Allerdings. Da aber diese dummen Kerle aus ihrer idealistischen Auffassung Quellen unversieglicher Lebenskraft sogen, da sie für's erste noch hundertmal mehr geleistet haben, als bisher die nervenschwache Generation der naturwissenschaftlichen Aera, so sind wir so frei, sie für tüchtiger im Kampf um's Dasein und vor allen Dingen für innerlich befriedigter zu halten — und zwar alles das in Folge ihres christlichen Idealismus speziell in den Geschlechtsbeziehungen.

Die Ausfälle Nordau's auf das Christenthum scheinen daher nur oberflächlich. Wir werden aber jetzt darauf übergehen nachzuweisen, daß er selbst, der „gesunde" Materialist, in all seinen Forderungen betreffs der „Ehelüge" von ungesundem Idealismus trieft. Gewiß wollen wir uns dagegen verwahren, das wahre Wesen der Liebe vom oberflächlich-rohen Standpunkt der Naturwissenschaft als einen rein animalischen Vorgang beurtheilt zu sehen. Aber wir wollen nun ebenso auf den komischen Widerspruch hinweisen, daß eine Anschauung, nach welcher das Menschenthier doch einfach eine physische Lebensmaschine bedeutet, andererseits zu weltschmerzlichen Jeremiaden führt, die umgekehrt dem Menschen viel mehr Gemüth und Gefühl für wahre Liebe zutrauen, als er in Wahrheit besitzt.

III.

Wir haben bisher Herrn Nordau bestritten 1) daß die Geschlechtsbeziehungen der maßgebende Faktor bei historischer Beurtheilung seien. 2) Daß der Einfluß des Christenthums einer ungesunden Auffassung der Liebe Platz gemacht habe.

3) Daß seine Anpreisung der nichtchristlichen Natürlichkeit berechtigt 4) Daß die Ehe ein zweifelhaftes Institut 5) Daß der Mensch nicht zur Monogamie angelegt a) Daß die Religion, bei ihrem Einfluß auf das Weib, in den ehelichen Beziehungen überflüssig sei.

Jetzt wollen wir das Theoretische bei Seite lassen und ihm direkt bei der praktischen Vorführung der „Ehelüge" folgen. — Herr Nordau ist ein vielerfahrener Mann von Welt und ausübender Arzt. Often gestanden, nach seinen Tiraden sollte man es nicht glauben. Denn oft genug haben wir uns staunend gefragt, wo denn Nordau seine geistvollen Lebenserfahrungen gesammelt habe. Es ist uns nicht das Glück zu Theil geworden, jene untheilvolle Romantil und Poesie bei den Frauen und jungen Männern entdecken zu können, gegen welche Nordau so bereht eifert.

Einen besonderen Abschnitt seiner Paraboge hat er dem „Inhalt der poetischen Literatur" gewidmet und sucht hier nachzuweisen, welchen allbeherrschenden Einfluß die verschrobenen Vorstellungen der Porten und Romanciers auf die Realität ausüben. Diese Behauptung ist wieder äußerst oberflächlich. Es steht freilich außer Frage, daß bei der weiblichen Jugend im Backfischalter, sowie bei den ideal angelegten Naturen der männlichen Jugend in den Flegeljahren, ein solcher Einfluß des Romanschmökerns erkennbar ist. Derselbe kann nun zwar in jedem Falle nur ein wohlthätiger sein, indem auf diese Weise die liebenswürdigen Illusionen jenes glücklichen Lebensalters doppelt genährt werden, welche grade geeignet scheinen, vor der Roheit der Realität speziell in erotischen Dingen zu schützen. Herr Nordau kann sicher sein, daß jugendliche Wüstlinge beiderlei Geschlechts sich wenig mit der schöngeistigen Literatur befassen!! Die lesen häufig — wenigstens in den Großstädten — ganz andere Bücher, die wir hier aus Anstandsrücksichten nicht näher berühren wollen.

Vollends für die späteren Lebensjahre entbehrt dies ganze „Paradoron" Nordaus jeder Begründung. Hat wirklich ein geistig veranlagtes, phantasiebegabtes Mädchen — wohlgemerkt nur dieses — sich ein romantisches Ideal zurechtgemacht, so entschwinden diese Illusionen rasch vor dem behaglichen Genuß der Realität in der Ehe. Wir leugnen aber auch ohnehin, daß bei der Majorität der modernen Mädchen eine solche hysterisch angehauchte Idealität überhaupt denkbar sei. Die höhere Tochter ist weit mehr als der junge Mann „Kind der Zeit." Sie ist materialistisch durchseucht und äußerst praktisch in ihrer kühlen Erwägung der realen Verhältnisse. Die Romanlektüre (Verse — außer „Minnepoesie" — ließt ohnehin nicht), welche ihre Trägheit und Unfähigkeit zu selbstständiger geistiger Arbeit ihr zum Bedürfniß macht, dient nur dazu „ihre Geschlechtscentren anzuregen", um eine Lieblingsphrase Nordau's zu benützen. Von einem vererbenden Einfluß der Belletristik auf ihre Geschlechtsrichtung kann um so weniger die Rede sein, als sie, wie oben gesagt, ohnehin nicht echte Poesie, sondern den Schundschankwaart der Marlitt und anderer Spielarten des sittsamlisterten Altjungfernthums sich zu Gemüthe führt — kommt es höher, sich von der glatten Unsittlichkeit eines Sense oder der aufregenden Sensationshuberei eines Spielhagen bezaubern läßt, wenn sie sich nicht das harmlose Vergnügen gestattet, aus dem Professorenroman der Ebers und Dahn ihre höhere Bildung zu schöpfen. Das Alles hat aber nicht die geringste Bedeutung für die wirkliche Gestaltung ihres Liebesideals. Unermeßlich komisch für jeden ironischen Beobachter wirkt der Satz Nordaus: „Der Frau hat die Literatur in Deutschland eigentlich nur den Offizier als das Ideal und das würdigste Objekt der Liebe suggerirt und das zweifarbige Tuch mag den Musen Weiheträume in den Tempel hängen, so oft es über ein Frauenherz siegt."

Wirklich! Nun, noch ehe es überhaupt eine Literatur gab,

hat der Soldat, in welcher Form immer, über die Durchschnittsheerde der Frauen „gesiegt". Das „zweifarbige Tuch" kann dabei auch fünffarbig sein, aber nur immer hübsch bunt! Papageien lieben eben das Bunte. — Nicht weil die Literatur immer den Offizier feiert (wo, wie, wann? Nach berühmten Beispielen suchen wir denn doch vergebens), ist der „Offizier" ein so gefährlicher Ladies-killer, sondern weil ein geschäftskundiger Romanschmierer für Weiber ein für allemal annimmt, daß der Offizier jedes zartfühlenden Frauengemüthes Ideal sei — deswegen tritt er in der Literatur häufig als deus ex machina auf. Und das sollte Herrn Nordau doch freuen. Denn hier zeigt sich der Trieb der Zuchtwahl im herrlichsten Glanze, indem die Sinnlichkeit des Weibes, durch Eitelkeit und Dummheit entsprechend unterstützt, im Offizier den physisch Kräftigsten und Schönsten zu erblicken glaubt.

Hingegen möge einmal Nordau das Experiment beweisen, daß, wenn die Literatur wie auf Commando nur noch häßliche, schwächliche, aber mit höchsten Geistes- und Herzensgaben ausgestattete Romanhelden produciren würde, nun auch sämmtliche schöne Leserinnen im Leben nur noch nach häßlichen und schwachen Männern seufzten, allein ihre schöne Seele anbetend.

Ja, wird Herr Nordau sagen, das widerspricht dem Naturinstinkt, wenigstens im Allgemeinen beim Durchschnittsweibe. Wohl, so wird er uns auch nicht weis machen wollen, daß der Romanschreiber mit der Frauenseele machen könne, was ihm beliebe. Er kann dies nur, so lange er den bewußten oder unbewußten Naturinstinkten schmeichelt.

Nun wollen wir zugeben, daß es das weibliche Gemüth wohl aufsprechen mag, wenn man ihm z. B. verlammte und verhungernde, aber interessante und liebenswürdige Poeten, Künstler, Musiker, von des Gedankens Blässe angekränkelt und der Menschheit ganzen Jammer im Busen, als unglücklich Liebende vorführt. Ist diese unglückliche Liebe im Roman durch die bösen Herrn Eltern oder sonstige Naturhindernisse herbeigeführt und stirbt die Heldin womöglich bis an gebrochenem Herzen, so weint die Leserin heiße Thränen und malt sich das ganz hübsch aus, auch so unglücklich geliebt zu werden. Ob ihr aber der naheliegende Gedanke kommt, sie würde in solchem Fall der Welt widerstanden haben? — Ist die besagte unglückliche Liebe jedoch in der Weise dargestellt, das der glorreiche Jüngling von einer herzlosen Kokette oder einer liebenswerthen Thörin für irgend einen „Grafen" (drunter thut es die deutsche Leihbibliothek nicht) verlassen wird, so mag die Mehrzahl moderner praktischer Damen diese Sache recht begreiflich finden, die Sentimentalen freilich werden die besagte Verkennerin des idealen Jünglings verabscheuen. Hier paßt aber das Wort Bulwer's in den „Pilgern des Rheins": „So denken die Frauen, wenn sie eine Liebesgeschichte lesen. Aber so handeln sie im Leben nie, wo sie nur die Oberfläche des Charakters wahrnehmen — bis es zu spät ist."

Mag man aber das Weib als Mutter u. s. w. noch so günstig denken, mag man alle Entschuldigungen des Mitleids für das vielfach unnatürliche Loos der Frauen in Anschlag bringen — so wird doch kein unbefangener Beobachter leugnen können, daß gerade in der Liebe das Weib zu einer Brutalität und Rücksichtslosigkeit fähig ist, die den unerfahrenen Mann um so mehr überraschen muß, als ihm stets durch „conventionelle Lügen", auch der Literatur, das Weib als ein viel fähiger zu selbstaufopfernden reinen Gefühlen vorgestellt worden ist. Wenn z. B. der Begriff der physischen Treue dem gut gearteten Weibe natürlicher sein mag, so ist der Begriff der moralischen Treue bei ideal angelegten Männernaturen weit stärker entwickelt. So kommt hier natürlich nicht auf die gemeinen Naturen beider Geschlechter an, die in Großen und Ganzen einander würdig sind. Hingegen könnte man aus Beobachtung Beispiele in reicher Fülle anführen, welche die rücksichtslose Roheit des Weibes, sobald ihr erotisches momentanes Interesse in's Spiel kommt, in einer Weise illustriren möchten, daß z. B. in der Spiegelung romanhafter Darstellung dergleichen als kaum glaubliche Gemeinheit der Gesinnung empfunden würde, während doch in Wirklichkeit die betreffenden weiblichen Wesen ganz gut geartet und gut beanlagt gewesen sein können. Das Weib ist in dieser Hinsicht von einer Naivität des Unbewußten, die den Mann wieder zu jener ungerechten Verachtung „weiblicher Falschheit und Untreue" hinreißt, welche allgemein üblich sich fortebt, während doch andererseits die Treue und Hingebung des Weibes dem wirklichen Ideal ihrer Wahl gegenüber den Mann beschämt. Das Weib sucht immer den „Rechten." Glaubt sie diesen aber gefunden zu haben, so rächt sie sich gerateyn an dem „Unrechten," der ihr früher als der Rechte erschien.

Diese Thatsache müßte ja Norbau glorifiziren, indem also das Weib sich dem ihrem „Organismus" vorschwebenden Ergänzungsideal rücksichtslos hingäbe. Nun ist es aber eine psychologische Thatsache, daß diese „Zuchtwahl" auf Seiten des Weibes von Eitelkeit und weiblichen Rücksichten wesentlich mitbestimmt wird. Und diese Eitelkeit ist fast immer niedriger Art d. h. sie wird einfach von den conventionellen Gesellschaftsverhältnissen gelenkt.

Nehmen wir z. B. an, um ein gut gewertes und gut beanlagtes Mädchen bewürben sich zwei Männer von absolut gleichen Verhältnissen, von denen der Eine ein talentvoller bürgerlicher Maler, der andere ein mittelmäßiger Baron — so ist hundert gegen eins zu wetten, daß die Befriedigung der weiblichen Eitelkeit mehr in Baronstitel, als in dem etwaigen zu erwartenden Ruhm des Künstlers zu suchen sein wird. Aus ganz demselben Grunde würde aber ein normales weibliches Gehirn zur Zeit der großen Revolution einem schwunghaften Demagogen den Vorzug vor dem ältesten Marquis geben.

Wenn aber diese conventionelle Eitelkeit (zu welcher sich die noch erbärmlichere des Luxusbedürfnisses gesellt, vermöge welcher ein Mädchen sich in die Equipage ihres Anbeters absolut ernstlich verlieben kann) tief in der weiblichen Natur begründet liegt — wo bleibt dann die Berechtigung in diesem Falle von conventionellen Lügen zu reden? Wie kann Herr Norbau als erfahrener Weltmann sich zu der Annahme versteigen, eine Geschlechtsverbindung, die nicht aus sozusagen romantischen Gründen geschlossen sei, müßte darum nothwendig ohne Liebe sein?

Ohne wahre Liebe — ja gewiß. Diese aber lebt wesentlich im Gehirn der Idealisten und bleibt Neunhundertneunundneunzig unter Tausend vollständig unbekannt — bei wenigen, weil kein günstiger oder richtiger ungünstiger Zufall sie weckte, bei der Mehrzahl, weil sie zu einer solchen Liebe überhaupt unfähig sind. Eine solche Liebe ist aber ein unnormaler Geistreszustand vom Lebensprinzip des Egoismus aus betrachtet.

Daß eine solche Liebe stets ihrem innersten Wesen nach monogamisch ist, wird auch Herr Norbau nicht bestreiten. Die ungeheure Majorität beiderlei Geschlechts fühlt aber ebenfalls monogamisch aus dem einfachen Grunde, weil eine auch nur einigermaßen adäquate Paarung dem Durchschnittsmenschen gar nicht den Ueberschuß an Liebeskraft läßt, um sich aus seiner ehelichen Bequemlichkeit — selbst wenn mit allerlei Unbequemlichkeit verknüpft — in das unsichere Gebiet neuer Verhältnisse fortzusehnen. Das High Life und die Kunstwelt, welche beide nervös überreizte Charaktere erzeugen, bilden nur eine Ausnahme von der Regel — und auch hier sind der leiblich glücklichen Ehen viel mehr, als der unglücklichen.

IV.

Die „Ehelüge" sammt den d'rum und d'ran hängenden „conventionellen Lügen", ist psychologisch in der Menschenspeziell der Frauennatur begründet und das ganze Schmerzgeschrei des Darwinisten Nordau eine ideologische Phantasterei, die auf einem utopischen Glauben an das Ideale im „Menschenthier" beruht.

Was übrigens die physische Treue des Weibes anbelangt, so hat Eduard von Hartmann durch einen Essay „Die Gleichstellung der Geschlechter" den heiligen Zorn eines weiblichen Emanzipationsapostels, der Frau Irma von Troll-Borostyani, erregt und hiedurch eine Blüthe unerbittlicher Logik gezeitigt, gegen welche wir eigentlich nichts einwenden können.

Hartmann stellt nämlich Dogmen wie folgende auf: Es sei unzweifelhaft, daß ein Mann mehrere Frauen nach einander mit ganzem Herzen lieben könne. Daher sei die Forderung, daß er vor seiner Verheirathung keine andern Liebesverhältnisse angeknüpft haben sollte, unhaltbar. Dagegen sei der Mann berechtigt, in seiner Erkorenen eine Jungfrau vorauszusetzen, die auf den Mann ihrer Wahl gewartet hat, um sich von ihm aus dem träumenden Schlummer zum wachen Liebesleben geweckt zu sehen. — Ein Mann braucht sich durch die Wittwenschaft seiner Geliebten nicht von der Verbindung mit derselben abhalten zu lassen, aber es soll sich darüber klar sein, daß diese Wittwenschaft ein Punkt ist, über den er sich hinwegsetzen muß und daß die Frau dies durch ungewöhnliche Vorzüge verdienen muß. — Ein Mädchen, das schon einmal Braut war, auch wenn sie ganz schuldlos an dem Auseinandergehen ist, gleicht einer Waare, deren Werth im Preise gesunken ist u. s. w.

Darauf liefert Frau Irma die klassische Widerlegung: „Da für Mädchen die Bewahrung der Jungfräulichkeit und für Ehefrauen die der Gattentreue Pflicht ist, in welcher Richtung liegt die Möglichkeit für den Mann, vor und außer der Ehe sein sich einbildetes Privilegium freier Liebe auszunützen, ohne die Frauen zur Verletzung ihrer Pflichten zu verführen?"

Obwohl nicht geleugnet werden kann, daß Untreue und sinnliche Ausschreitung überhaupt aus begreiflichen physiologischen Gründen beim Weibe widerlicher und untheilvoller wirken, so muß die gesunde Logik doch hier ganz auf Seite des Weibes treten. Ist die Polygamie und freie Liebe laut Nordau natürlich, so gilt ohnehin das gleiche Maß für beide Geschlechter. Ist hingegen die Monogamie das Natürliche, so hat die Frau ebenso wie umgekehrt der Mann das Recht, jede Verletzung dieses Gesetzes durch Wiedervergeltung zu strafen. Dieser Fall wird aber einfach niemals eintreten, sobald eine Ehe auf irgendwelcher Neigung basirt. Daher denn nur verschwindende Beispiele von notorischer ehelicher Untreue selbst in der Gesellschaft der Großstädte auffallen. Herr Nordau wird zwar mit seinen Pariser Erfahrungen aufwarten. Wer heißt ihn aber denn ein deutsches Buch über deutsche Zustände schreiben? Er ist geborener Ungar, hat selten in Deutschland verkehrt und lebt seit lange ansässig in Paris, so viel wir wissen in ganz behaglichen Verhältnissen, die ihm die Pflege seines Weltwehs gestatten. Er sollte sich aber wirklich erst gründlicherer Studien befleißigen, ehe er apodiktisch versichert, alle Ehen ohne Ausnahme würden aus finanziellen Rücksichten geschlossen und alle Ehen seien daher unglücklich.

Denn wenn wir dies „daher" im Obigen zu entkräften suchten, indem wir die sentimentale Auffassung des Darwinisten hervorhoben, so müssen wir auch den ersten Theil des obigen Satzes bestreiten. Speziell die Weltstadt Berlin — auf welche nach Nordau's Ansicht über die Unnatur jedes Großstädters seine Theorien am besten passen müßten — in's Auge fassend, muß man sich wundern, erstens, daß in den gebildeten Ständen überhaupt noch so viel in jungen Jahren geheirathet wird, zweitens, daß auch ohne auskömmliche und sichere finanzielle Existenz das Wagestück versucht wird, und drittens, daß im Großen und Ganzen noch die allermeisten Ehen nur aus Neigung geschlossen werden.

Wenn Nordau die alten Schauergeschichten von den Müttern, die ihre Töchter vor romantischem Zirlefanz warnen und „gute Versorgung" empfehlen, aufwärmt, so kann man sich vielfacher Neigungsheirathen in den besten Ständen erinnern, welche gegen den Willen der Familie durch die Initiative des Mädchens erzwungen wurden. Und, der Wahrheit die Ehre: Wenn wir uns hier und da mitsogener Ironie zu berichtigen schienen, so sei doch offen zugestanden, daß wir reiche, vornehme, schöne, liebenswürdige und gesunde Mädchen sich aus dem Schwarm ihrer Freier mit größter Selbstaufopferung Leute erkämpfen sahen, die weder ihre Sinnlichkeit reizten noch ihre Eitelkeit befriedigen konnten, lediglich irgend welcher (oft nicht einmal berechtigter) Achtung vor deren Herzensetigenschaften folgend. Das Staunen und Kopfschütteln der Welt beeinträchtigte ihre Glück sehr wenig.

Wir fragen nun Herrn Nordau, welchen physiologischen Naturzweck des nie irrenden Fortpflanzungstriebes das gesunde Weib empfindet — das Weib, von dem es S. 280 der „Paradoxe" heißt, daß es in seiner Wahl untrüglich sei! —, wenn es sich kränklichen Individuen paart? Leugnen läßt es sich doch nun einmal nicht, daß hieraus nur kränkliche Kinder, wenn überhaupt welche, entstehen müssen. Und doch docirt Nordau: „Daß seine Verbindung mit einem bestimmten Individuum im Interesse der Stammeserhaltung und Vervollkommnung erwünscht sei, das sagt uns nur eine Stimme: Die der Liebe." Welch ein Widerspruch! Demnach muß die Liebe doch ganz entschieden andern „chemischen Gesetzen,"

anderer „Wahlverwandschaft," huldigen, als den physiologischen. Sie ist sich augenscheinlich Selbstzweck und erwägt den Fortpflanzungstrieb erst in zweiter Linie.

Außerdem ist auch die Kehrseite der Medaille, wie Nordau sie zeigt, falsch geprägt. Also, wenn Paare sich durch Zufall und Interesse gefunden, so ist das Kreuzungsprodukt immer ein schlechtes? Im Gegentheil. Von leidenschaftlich verliebten Eltern werden oft schwächliche Kinder geboren, während Leute, die ohne alles Echauffement sich zusammenfanden, körperlich gesunde Durchschnittsmenschen erzeugten. Das kann Herrn Nordau die einfachste, praktische Rundschau beweisen. Denn vom materialistischen Standpunkt aus muß doch augenscheinlich die physische Lebenskraft des zu gebärenden Kindes von bestimmender Wichtigkeit sein. Will er aber einwenden, daß wenigstens nur geistig begabte Kinder von Liebespaaren erzeugt würden, so müßten doch alle großen und genialen Menschen unter diese Kategorie fallen. Das ist aber bei der Mehrzahl derselben absolut nicht der Fall.

Nicht einmal auf die Erziehung der Kinder übt die Verliebtheit der Eltern einen Einfluß aus. Denn die Mutterliebe ist auch für das Kind eines wenig geliebten Vaters die gleiche.

Wohin wir auch Herrn Nordau folgen mögen, überall sehen wir nur Widersprüche. Er fällt mit erschrecklicher Bitterkeit über die Mitgiftjäger her. Ja du lieber Gott, da sie doch nur durch blendende körperliche Vorzüge ihr Ziel bei reichen und geilen Märtirinen werden, so kann doch bloß der physischen Zuchtwahl nur zu gute kommen!

Nordau vermag des Mädchens, das eine „gute Versorgung" heirathet, nicht schwer genug zu verdammen. Wir kann diese kleine Gemeinheit einen Mann aufregen, der doch sonst die großen Gemeinheiten im Kampf ums Dasein so gründlich durchschaut? Das bißchen Streberei steht doch in gar keinem

Verhältniß zu der großen Streberei in anderen Dingen. Und das arme Ding, das auch auf die einzige ihm mögliche Weise Karriere machen will, hat dabei meist den festen Vorsaß, den Käufer nicht zu betrügen, ihm eine pflichtgetreue Gattin, wenn auch keine liebende, zu sein.

Die Weltanschauung Nordaus gipfelt in dem Satze: „Wo ist der Unterschied zwischen einer Dirne . . . und einer züchtigen Braut, die sich einem ungeliebten Individuum verkauft, welches ihr im Austausche ihrer Umarmung Rang oder Toilette, Schmuck und Dienerschaft oder auch nur das kahle tägliche Brod reicht." Der Unterschied ist ganz einfach der, daß Letztere unter Schmerz und Gefahr Kinder gebärt und großzieht und erstere nicht. Damit ist doch, denken wir, nach Nordau's eigener Anschauung von der einzigen Bedeutung des Fortpflanzungstriebes alles entschieden. Wer sagt ihm denn übrigens, daß die züchtige Braut ein passenderes Objekt der Zuchtwahl gefunden hätte, wenn sie länger auf ihr angebliches Ideal wartete?

Nicht ohne Humor lesen sich die ernsthaftesten Vorschläge Nordau's zur Abschaffung des Altjungferthums. Er verlangt nämlich, der Staat solle dies köstliche Material der Zuchtwahl so lange ernähren, bis es dem Weibchen gefällig sei, ihre Zuchtwahl unter den Männchen zu treffen. Ganz abgesehen davon, daß nur in dem großen Drill-Zuchthause des social-demokratischen Zukunftsstaates solche „Paradoxe" durchführbar wären, müßte man darin eine grobe Ungerechtigkeit gegen die Männerwelt erkennen, auf deren Arbeit doch allein der intellectuelle Fortschritt, der Triumph der Darwin'schen Evolutionstheorie, beruhen kann. Grade die höchstbegabten Individuen können sich heutzutage — wie in einem späteren Kapitel zu beleuchten — nur schwer bei Kultivirung ihrer geistigen Fähigkeiten ernähren. Es wäre also eine Schmach, wenn ein müßiges Frauenzimmer großgefüttert würde, um später ungestört irgend eine Zuchtwahl ihrer behaglichen Selbstsucht-

bedürfnisse treffen zu können. Es scheint im Gegentheil ganz gut, daß die ledige Frau heutzutage durch eigne Erfahrung lernen muß, wie schwer es dem Manne wird, sich ehrenhaft durchs Leben zu kämpfen.

Lese Nordau lieber den Essay von E. v. Hartmann „Die Lebensfrage der Familie," worin die wahre Quelle dieser Schäden bloßgelegt wird. — Uebertriebenes Luxusbedürfniß stellt alle wirklichen Vermögensverhältnisse auf den Kopf. Die Tochter eines Vaters, der sich zu einem Einkommen von 10,000 bis 20,000 Mark als älterer Mann aufgeschwungen hat, glaubt mit einem Gatten nicht leben zu können, der als junger Mann natürlich nur 3000 bis 9000 Mark Einkommen erzielt — und so in absteigender Folge. Daher empfiehlt Hartmann „so weit von seinem Stande herabzusteigen, als die Gemüthserziehung und Charakterbildung der Töchter niederer Stände noch ausreichend erscheint um den Kindern die nothwendige müsterliche Erziehung zu sichern." „Das Weib aus dem Volke trägt den schmerzten Antheil an der Last des Lebens und die Art, wie sie trägt, nöthigt uns volle Hochachtung vor ihrem sittlichen Werth ab, welcher dem des Mannes ebenso überlegen ist, wie er im höheren Stande hinter jenem zurücksteht." Vom Gesetze der Zuchtwahl aus ist das Rabitalmittel Hartmanns, Heirathen der Männer höherer Stände unter ihrem Stande, gewiß nur zu empfehlen. Auftang wird es aber wenig finden, weil die männliche Eitelkeit daran hindert. Die höhere Tochter würde ihre Rache durch consequente Ausschließung aller solcher Verbrecher aus der „guten Gesellschaft" finden. Nach der Nordau'schen Sittenlehre möchte dies natürlich Niemanden kümmern, sobald er in einem Mädchen unter seinem Stande sein Ergänzungsideal gefunden hat. Ist dieses aber nur auf dem sinnlichen Fortpflanzungstrieb beruhend, so kann Nordau sicher sein, daß es so nie zu anderer als temporärer Paarung führen wird. Denn um den Kampf mit den „conventionellen Lügen" aufzunehmen, muß der Mann in solchem Falle einen Muth besitzen, den nur exceptionelle Geistesstärke oder aber eine Liebeskraft verleihen, die wesentlich auf dem Gemüthe beruht. Wer nun diese Eigenschaften besitzt, der hat stets und wird stets den „conventionellen Lügen" trotzen können, ohne Norbau's Belehrung zu bedürfen. So selten solche Fälle sind, so waren sie doch stets besonders unter hervorragenden Menschen möglich. Göthe heirathete seine Köchin und Napoleon ließ sich von Josephine's zweifelhafter Vergangenheit nicht einschüchtern. Für solche Menschen, welche über „conventionelle Lügen" vermöge ihrer inneren Selbstbestimmungsgesetze erhaben sind, hat Herr Norbau doch nicht geschrieben. Diejenigen aber, an welche er appellirt, die breite Masse der sogenannten Kulturmenschen, wird ewig taube Ohren für seine Weisheit haben, weil jene „Lügen", die er speciell in der Sexpuell findet, so alt wie Adam und Eva und psychologisch in der schwachen Menschennatur wie in der daraus resultirenden Gesellschaftsordnung begründet sind.

Noch einmal, die ungeheure Majorität der menschlichen Lebewesen hat gar kein Verständniß für jene ideale Liebe, die sich ausschließlich und heroisch einem einzigen Gegenstande opfert, und weiß daher nichts von dem Unglück, das laut Norbau aus der „conventionellen Lüge" der Vernunftehe erfolgen soll. Das ganze Leben besteht aus Compromissen, also die Ehe auch. Die Ehe ist die praktische naturnothwendige Realität, die Liebe (in des Wortes reiner und leuchter Bedeutung) ein poetisches Ideal, das mit der Realität im Widerspruch steht. Dabei wollen wir aber uns durchaus dagegen verwahrt haben, wie Norbau anzunehmen, daß eine ungewöhnlich starke Leidenschaft, wie die von Romeo und Julia, damit enden müsse, daß Romeo nach sechs Monaten eine andere Julia erkiesen und Julia sich von einem Veroneser Edelmann trösten lassen werde. Dergleichen ins Blaue hineingeredete

„Paradoxe" entsprechen ebensowenig der gutartigeren Menschennatur, wie umgekehrt die ideologischen Forderungen unseres geschäßten Darwinisten.

V.

Hören wir zum Schluß noch die Ansichten eines Philosophen und eines Poeten über die wahre Liebe, welche freilich wenig mit der „Naturgeschichte der Liebe" zu schaffen haben. In dem bekannten Werke Carrière's „Die sittliche Weltordnung" heißt es S. 322: „Wenn man die Liebe blos von der sinnlichen Seite betrachtet, wird man Hartmann nicht widerlegen können, daß ihre Leiden ihre Freuden weit überwiegen u. s. w." „Aber freilich ist wahre Liebe ein Preis sittlicher Reinheit und idealer Treue. Da erfahren wir denn, daß nicht die Selbstsucht, sondern ihr Opfer das Beglückende ist. Wir erfahren, wie man mit einem andern Eins werden kann, ohne das eigene Selbst zu verlieren. Harmonie ist ja weder Einerleiheit noch Auslöschung des Unterschiedes, sondern Einigung der Unterschiedenen innerhalb des gemeinsamen Lebensgrundes. Nicht in der Einheit des Unbewußten untergehen, sondern im Zusammenschluß der Individualitäten selbstbewußt das Leben zu vollenden, im Andern zugleich bei sich selbst zu sein ist das Ziel der Liebe."

Obwohl hier wenigstens der Hauptgedanke hervorleuchtet, daß „nicht die Selbstsucht, sondern ihr Opfer das Beglücke," so geht der große englische Dichter Shelley, der ja seinen ganzen „Pantheismus der Liebe" zum System erhob, noch weiter auf der Bahn der Erkenntniß in folgenden Versen, die wir in unvollkommener deutscher Uebertragung hier bieten wollen.

Die Liebe ist nicht nur Lebensodem:
Die Essenz aller Schönheit nenn' ich Liebe.
Das Attribut, die Evidenz, das Ziel,
Dem innern Sinn der Inbegriff der Schönheit,

mehr in fröhlicher Hingebung besteht. Sie ist ein Geist der Schönheit, der die ganze Außenwelt verklärt, aber nicht in der sinnlichen Außenwelt, sondern zu tiefst im eigenen Innern beruht. — So ist der Altruismus in Permanenz erklärt, aber ein Altruismus, der das eigene Selbst nur vergrößert ausprägt.

Einer solchen Liebe, die auf dem tiefsten Wesen der menschlichen Seele beruht, ist aber nur ein winziger Prozentsatz der Menschheit fähig. Diese erlauchten und vornehmen Seelen sind aber dann auch fähig, die vielfachen Schmerzen, die eine solche Humanität der Liebe nothwendig mit sich bringt, vermöge des völligen Aufgehens in den Altruismus zu überwinden. Für sie existirt das Unglück der „conventionellen Lügen" nicht.

Nochmals und nochmals aber sei es wiederholt, die Majorität, für die doch Nordau's Weisheit allein berechnet ist, muß von ihrem Wollen und Können aus Nordau's ideologische Schmerzensschreie belächeln. Sie wird vom Sinnenleben allein beherrscht, dessen unklarer Fortpflanzungstrieb sich nie aus dem Gebiet des Egoismus erheben kann — je mehr die angepriesene naturwissenschaftliche Weltanschauung Platz greift, desto weniger. Der Gattungstrieb findet immer und überall Befriedigung; am besten in der vernünftigen Institution der Ehe, mag sie nun conventionell geschlossen sein oder nicht; das thut gar nichts zur Sache. Die nüchterne und gesunde Gattungsgemeinschaft der Ehe ist der menschlichen Gesellschaft viel zuträglicher, als alle Fieber der Leidenschaft, deren Apotheose, wie Nordau ja selbst offen andeutet, am Schlusse doch nur zur Freien Liebe und dem Rousseau'schen Ideal der Findelhäuser führen müßte. Wenn das eine „conventionelle Lüge" ist, so

Naturtriebs in der B. sein Ideal; diese aber mit gleicher Ueberzeugung das ihre im E., der wieder das seine in der D. findet. Wie reimt sich das mit der Untrüglichkeit und Unfehlbarkeit des Naturtriebs zusammen!

Ueber die unglückliche — selbst aufgegebene oder unerwiederte — Liebe hilft sich bekanntlich der Durchschnittsmensch bald hinweg. Wie wäre das auch anders möglich, da seine „Liebe" nur dem sinnlichen Reiz des vaguen Fortpflanzungstriebes entsprang! Hat das kränkelnde Fortschmachten aber wirklich zerstörende Folgen, so wird Herr Nordau als Mediziner wissen, das dies fast immer mit einer unsittlichen Schwäche zusammenhängt, die als Rückenmarksschwindsucht endet.

Die „unglückliche Liebe" und die „unglücklichen Ehen," das angebliche Untheil der „conventionellen Ehelüge" — ja, das sind die wahren conventionellen Lügen.

Der verehrte Verfasser derselben wird uns vorwerfen, wir seien mit all' unserem Idealismus ein viel größerer Pessimist wie er mit seiner Verdammung alles Bestehenden und seinem utopischen Optimismus, der aus der Evolutionstheorie einen Glauben an den sittlichen Fortschritt der Menschheit angeblich geschöpft haben will, der allerhöchstens und auch da nur cum grano salis für die intellectuelle Seite derselben zu constatiren ist. Wir leugnen diesen Pessimismus nicht, der auf dem Boden der christlichen Weltanschauung beruht, welche unser neuer Prophet perhorrescirt. Die menschliche Natur wird ewig dieselbe sein; die conventionellen Lügen, wenn sie schwänden, würden auf's neue errichtet werden und wie müßten z. B. wie einst das hübsche Schauspiel der „Wiedereinsetzung des höchsten Wesens" in Zukunft einmal die „Wiedereinsetzung der sogenannten Ehelüge" genießen dürfen.

Der dänische Aesthetiker Brandes bemerkt bei Beleuchtung Werther's, auf diese Periode werde bald die folgen, wo Werther statt sich selbst den Gatten Lotte's erschießt. Wer aber überzeugt uns denn, ob Werther mehr das „Ergänzungsideal" Lotte's gewesen sei als Albert?! Wozu all dies Weltschmerzgeheul über die conventionelle Moral schwache Gemüther verführen muß, liegt ja auf der Hand. Die Formen, in welchen der Gattungstrieb sich äußert, werden zu allen Zeiten, ob mit oder ohne Ehelüge, dieselben bleiben.

S. 125 der „Conventionellen Lügen" findet sich der denkwürdige Satz, Genies und Talente hätten mangelhafte Fortpflanzungsfähigkeit, hätten meist gar keine Nachkommenschaft oder wenn, dann schwächlich, verkümmert und minder lebensfähig als der Durchschnitt der Menschen! Das ist nun freilich heller Wahnsinn und im Gegentheil der Gattungstrieb genialer Individuen oft ungewöhnlich stark entwickelt. Aber das steht wenigstens fest, daß sie niemals darin aufgegangen sind und davon foramisirt wurden. Herr Nordau würde sich daher weit mehr um das Wohl seiner Mitmenschen verdient machen, wenn er die conventionellen Lügen an sich ungeschoren ließe — da die unerbittliche unabänderliche Nothwendigkeit, diese große conventionelle Lüge, wenig nach ihm und seinen Protesten fragt — und lieber statt von der Wichtigkeit der geeigneten Paarung von der Wichtigkeit der Erziehung predigte. Denn wie große Geister den mächtigen erotischen Drange doch stets über demselben wichtigere und idealere Ziele im Auge zu fassen wissen, so würde eine allgemeine Verbreitung idealerer Anschauungen, die sich mehr mit dem Schönen und Guten, als mit dem sogenannten Wahren beschäftigen, eine allgemeine Regulirung und Dämpfung im Kampfe um's Dasein, speziell im Eroticis, hervorrufen, welche unendlich vielmehr zur wirklichen Veredelung der Menschheit beitrüge, als alle Bentham'schen Glückstheorien und Darwin'schen Evolutionslehren.

VI.

Daß in Deutschlands größeren Städten glücklich dreißig
bis fünfzig Prozent der Geburten auf uneheliche entfällt, ist
me Drachensaat des zukünftigen Anarchismus. Daß in der
Berliner Jugend auf der Kriegsschule, der Universität, der
Musikakademie die Zahl der Geschlechtskranken von fünf und
dreißig bis sechzig Prozent variirt, ist sicher kein erheiternder
Zustand. Aber die „conventionelle Ehelüge" und die „Naturgeschichte der Liebe" hat damit nichts zu schaffen. Schränke
man möglichst die Verbreitung der materialistischen Doctrinen
und naturwissenschaftlichen Unfehlbarkeits-Dogmen, dieser
modernsten conventionellen Lügen, ein und gebe uns
dafür den schönen gesunden Idealismus vergangener Epochen
zurück! Vor allem aber sorge man, daß die Lüderlichkeit nicht der
einzige Ausweg sei, der bei den verschrobenen finanziellen Verhältnissen für die Befriedigung des Geschlechtstriebes geblieben
ist. Es ist ein Widersinn, ja eine Brutalität zu verlangen,
der Mann solle bis zum dreißigsten Jahre geschlechtlich darben,
weil der Kampf um's Dasein ihm jede Möglichkeit zum Ernähren einer Frau benimmt. Wenn aber der ideale Sinn
geschärft würde und zwar in beiden Geschlechtern, so würde
genau wie früher der Wagemuth ein größerer sein, auch ohne
sichere Aussicht auf eine comfortable Existenz, das Leben ge-
meinsam in die Schranken zu fordern. Armuth ist kein Vergnügen, aber die scheußlichen Widerwärtigkeiten in der lieblosen
Erotik der jungen Männerwelt bilden eine innere Hölle, in
welcher jeder gesunde Sinn vergiftet, alle Illusionen der Jugend
befleckt und untergraben werden. Die Vernichtung des eigentlichen Liebeslebens in den Jahren der eigentlichen Blüthe des
Gattungsinstinkts ist ein Hauptmotiv der inneren Unsittlichkeit
und allgemeinen Idealosigkeit, aus welcher der Zusammenbruch
der bestehenden Gesellschaft resultiren wird. Gerade die Ehe
ist die einzige Institution, welche nach Schwinden aller wirklichen conventionellen Lügen und andern Idealen noch einen
sittlichen Halt gewähren kann. Daß die Ehe aber erschwert
und unmöglich gemacht wird — nicht den faulen, sondern
gerade den feinen und und werthvollsten Elementen der männlichen Jugend, — das hängt wiederum mit anderen Dingen
zusammen, die Nordau „conventionelle Lügen" nennt, während
sie nur auf der unausrottbaren Gemeinheit der Menschennatur überhaupt beruhen. Für sie hat aber der Idealismus
ganz andere Stabikalmittel in Petto und davon soll unsere
nächsten Hauptabschnitte handeln.

Die Liebe ist unleugbar die heftigste menschliche Leidenschaft und kann der Ansporn zu allem Schönen und Häßlichen
im moralischen Sinne des Wortes werden. Selbst die Ruhm-
sucht und der Ehrgeiz kennen nicht die fressende Pein, mit
welcher unbefriedigte Liebesbegierde das Innerste durchbohrt.
„Es schwindelt mir, es brennt mein Eingeweide, nur wer die
Sehnsucht kennt, weiß was ich leide." Selbst die Schlange
des Neides, dieser verzehrendsten Geistesschwäche, gewinnt
doppeltes Gift durch diese alles verdoppelnde Leidenschaft und
schwillt zum „gründäugigen Drachen Eifersucht." Wer weder
die Leiden Romeos noch Othellos durchkostet hat, bleibt daher
unter allen Umständen ein unfertiger halber Mensch, der noch
nicht den Abgrund seiner Seele ermaß. Wenn Hamlet in
seinem Monolog „verschmähter Liebe Pein" mit „des Rechtes
Aufschub" oder „der Schmach, die Unwerth schmeigernden
Verdienst erweist" u. s. w. in eine Reihe stellt, so irrt er sich
in der menschlichen Natur und in der Logik der Realität.
Alles Unrecht kann gefühnt, jede Schmach gerächt werden; der
Ehrgeizige darf immer hoffen, sein Ziel zu erreichen, der
Ruhmsüchtige nicht minder, der Geldgierige auch. Liebe aber
schlägt Wunden, die oft nicht einmal die Zeit heilt.

Nun ist zwar aus den Jugendbriefen eines Schiller oder Byron ersichtlich, daß bei diesen leidenschaftlichen Jungen schon die Freundschaft eine amour sans ailes, eine wahre Leidenschaft war. Aber es ist doch der gewöhnliche Fall, daß erst durch Beimischung des sinnlichen Elements das Liebesbedürfniß jene bittere Schärfe erhält, die den ganzen Organismus durchzittert. Diese Leidenschaft kann gleichwohl nie in so elementarer Weise wüthen, wenn sie nicht sinnliche Endzwecke verfolgend, in ihrem Wesen dennoch ideal angehaucht erscheint. Denn die Sinnlichkeit ist ihrem innersten Wesen nach flüchtig und wechselvoll und löst ihre unreine Gluth alsobald in Rauch und Asche auf, sobald sie ihr Opfer ergriffen. Man wird daher Nordau gewiß beistimmen, daß eine Verbindung wie er sie wünscht, nämlich aus bloßem Gattungstrieb hervorgegangen, unmöglich monogamisch und lebenslänglich sein kann. So ist also grade ein Segen, daß die „conventionellen Lügen" meist das abrupte Zustandekommen solcher Verbindungen hemmen. Andererseits soll nicht geleugnet werden, daß der Haß und Zorn gegen die wirklichen Schäden der Gesellschaft (die eben keine conventionellen Lügen, sondern traurige Naturgesetze sind) die wirkliche Erkenntniß des Lebens, nur gewonnen werden können, sobald der Mensch durch diese mächtige Leidenschaft der Liebe in Kampf mit der Welt und dem eignen Ich geräth. Erst dann geht die bloße platonische Theorie in praktische Willenserregung durch die persönliche Leidenschaft über und entzündet das individuelle Leiden zu jenem thatkräftigen Weltschmerz und Schaffenstrieb, auf welchem die wahre Fortentwicklung der Menschheit tausendmal mehr beruht, als auf allen physischen Evolutionen der Gattung.

Nordau erklärt nun die Sinnlichkeit gewissermaßen für etwas Heiliges, indem die Natur des Gattungstrieb vorgeschrieben habe. Dagegen giebt es einen erschöpfenden Gegenbeweis. In den Blütheperioden der antiken Cultur scheint sich nämlich bei der allgemeinen Verachtung des Weibes der Begriff der wahren Liebe ausschließlich mit der bekannten „Freundschaft" zwischen Männern verknüpft zu haben, wobei sich die freundschaftliche geistige Hochachtung mit der Fleischeslust verband. Alexander und Hephästion, Hadrian und Antinous u. s. w. sind unsterbliche Proben jener allesverschlingenden romantischen Einzelliebe, welche sogar den Tod überdauert — also eminent psychisch erscheint. Selbst die durch Sokrates wahrscheinlich platonisch gebliebene Verbindung des „schönsten und des häßlichsten Griechen" zeigt alle Symptome einer zärtlichen in gegenseitiger Selbstaufopferung schwelgenden Liebe. Bei den antiken Weibern zeigten sich leider ähnliche Symptome.

Es ist also doch unleugbar, daß der Gattungstrieb der Fortpflanzung garnichts selbst mit der fleischlichen Liebe zu thun zu haben braucht. Nordau wird nun selbstverständlich mit der Phrase von „Ablenkung des natürlichen Triebes" bei der Hand sein. Er vergesse aber nicht, daß wir im Hellenthum die höchste intellektuelle Blüthe des Menschenthums verehren und daß im Orient noch heut das angedeutete Verhältniß grassirt. Dabei muß es sogar Staunen erregen, daß wir grade bei den hervorragendsten Männern des Alterthums dieser Verachtung des Gattungstriebes begegnen, welcher, auch bei völliger Abwesenheit des sinnlichen Elements, doch alle im Begriff der Liebe verdienenden Gefühle in die Freundschaft übertrug.

Die einfache Logik ergiebt aus alledem dies: Ohne sinnliche Beimischung ist „Liebe" d. h. gänzliche Hingebung an ein andres Wesen durchschnittlich kaum denkbar. Die Sinnlichkeit selbst und speziell der Gattungstrieb ist aber darum weder Liebe noch hat er bestimmenden Einfluß darauf. Denn da Liebe ihrem innersten Wesen nach monogamisch ist und Sinnlichkeit das direkteste Gegentheil davon (wie Jeder, sei es Weib oder Mann, zu bitterer Enttäuschung und Selbstbeschämung gewahr werden muß), so sind diese beiden rein geistigen und rein physischen Elemente von einander ganz unabhängig. Es wird z. B., um in die tiefsten Tiefen der Verderbniß hinabzusteigen, stets ein Seelengemälde von erschütternder Wahrheit bleiben, wenn in Murger's „Skizzen aus dem Leben der Pariser Bohème" die Grisetten, während sie theils aus Noth und Genußsucht theils aus Lüderlichkeit sich mit allen möglichen Andern herumtreiben, immer wieder zu ihrem verhungernden Geliebten auf die Mansarde zurückkehren, weil sie nur für diesen das Gefühl der wirklichen Liebe empfinden.

Die Logik fragt also wiederum, was die Jeremiaden über die conventionellen Lügen in erotischen Dingen bezwecken sollen. Die sinnliche Liebe und der Gattungstrieb finden überall und immer Befriedigung. Le roi est mort, vive le roi! Raubt eine „conventionelle Lüge" die eine, so bieten sich tausend andere. In der wirklichen Liebe aber überwiegt das geistige Element derartig, daß Versagung der physischen Erfüllung nie die Qualen bereiten kann, welche den sinnlichen Menschen sollten. Das Prinzip der Liebe selbst ist in solchem Falle eine unbewußte Beseitigung. Drum singt Tennyson mit Recht: „Es ist besser umsonst, als gar nicht geliebt zu haben". Wem können also die conventionellen Lügen im Sinne Nordaus das Leben vergiften, dem Sinnlichkeitsmenschen oder dem idealeren Naturen, besser gesagt, den gehirnfeineren Organismen? Wir wollen es ihm sagen. Nur die Schwächlinge, die Verkommenen, mit einem Worte die Degenerirten im Darwin'schen Sinne — sie sind immer bereit „sich eine Kugel vor den Kopf zu schießen." Denn das entspricht ja ihrer innersten Bestimmung, da sie lebensunfähig sind. Dies aber muß doch Herrn Nordau als Darwinisten in hohem Maße wünschenswerth erscheinen.

In einen direkten Widerspruch setzt sich Nordau außerdem noch selbst durch einen Abschnitt seiner „Paradoxe", worin er, als Frauenarzt ein tüchtiger Frauenverächter comme il faut, dem Weibe jede Individualität abspricht. Die betreffenden Ausführungen (S. 30 bis 50) sind ganz ausgezeichnet und können keine Vorwürfe gegen die verrückte Frauenvorstellung der Belletristik nur gebilligt werden. Das Weib sei nur typisch. „Das Weib ist ewig wechselnd" — „jedes Weib ist ein Räthsel" und ähnlicher Blödsinn werde tiefsinnig wiedergekäut, und während das Weib von Jedem leicht verstanden wird, der nur banale und niedrige Motive voraussetze, schwatzt die Phantasterei weiter: „Wer vermag das Weib zu kennen", weil sie grundfalsche poetische Vorstellungen anwendet.

Was Nordau von „originellen Frauen" sagt, vor denen man sich hüten solle, scheint auch sehr richtig. Auch hat er Recht darauf hinzuweisen, daß gerade geniale Individualmenschen sich mit Vorliebe an's Dutzendweib halten. Dies Dutzend- und Normalweib ist nun im Ganzen sozusagen der Sancho Pansa, die prudeute médiocrité, die banausische Prosa als typische Gattung. Nordau sagt wohl goldene Worte, wenn er dem Weibe jeden Ehrgeiz ab- und nur verächtliche Eitelkeit zuspricht und über die trostlose Banalität seiner Neigungen u. A. bemerkt: „Eine ungewöhnliche Mannserscheinung, sei nun deren Ungewöhnlichkeit eine leibliche oder geistige, erregt wie alles Außerordentliche die Phantasie des Weibes und übt auf dasselbe eine mächtige Anziehung.... Aber ihr Urtrieb zieht sie unwiderstehlich zum Gewöhnlichen hin und der Dutzendmensch, der u. s. w. (folgt eine Meisterskizze des Philisters und des geistigen Nichts) wird neun und neunzig Frauen von hundert den Kopf verdrehen und kein aus freier Hand gezeichnetes Exemplar der höheren Menschenbildung kann neben ihm bestehen." Vollkommen einverstanden. Sieht denn nun Nordau nicht ein, daß er, der die weibliche Beschränktheit mit Recht als das ultra-conservative Element der Welt bezeichnet, bei seinem Kampfzorn wider das Conventionelle nur die männliche Hälfte berücksichtigt hat? daß das Weib die conventionellen Lügen erfunden hat und sie mit höchstem Eifer zu erhalten bemüht ist? daß ferner der Durchschnittsmensch — besonders gerade in erotischen Dingen — am wenigsten unter conventionellen Lügen leiden wird und daß der ungewöhnliche Individualmensch mit seinem Haß gegen das Conventionelle ganz allein steht? — „Was das Weib will, das will Gott" sagt ein spanisches Sprüchwort. Nun, das Weib (welches die Prosa, das Sinnliche, Banale, Conservative repräsentirt) will die conventionelle Lüge als Hemmschuh und Gegengewicht gegen die Don Quixoterie des Mannes. Und dagegen hofft Nordau, der Pariser Frauenarzt, aufzukommen? Er kann mir leid thun.

Jedenfalls aber wollen wir am Schluß dieser Erörterung nochmals darauf hinweisen, daß wir es vom materialistischen Standpunkt aus gerechtfertigt finden, die Ehe zu verwerfen, die freie Liebe zu proklamiren und die Treue in der Liebe für physiologisch unrichtig zu erklären. Denn ist die „Menschenart" wirklich biologisch in nichts vom Thiere unterschieden, werden alle Triebe und Thaten des Menschen in diesem angeblich naturwissenschaftlichen Geiste aufgefaßt, so ist schwerlich theoretisch etwas dagegen einzuwenden. Praktisch allerdings werden immer noch die gefährlichen Folgen dieser Auffassung bestehen bleiben, indem eine Zerrüttung aller gesellschaftlichen Bande aus dieser großartigen „Freiheit" der Naturinstinkte hervorgehen müßte. Wenn also gerade Nordau als Darwinist die passende Kindererzeugung für etwas so Hochwichtiges erkennt, so kann er bei reiflicher Ueberlegung doch nur wieder zur Treue der hausbackenen Ehe zurückkehren, da jede Untreue des Weibes doch Folgen nach sich ziehen kann, die ihm seine glorreiche Zuchtwahl-Kreuzung gräulich verderben. Giebt es wirklich Ergänzungsideale für jedes Wesen, so ist Treue damit logisch verbunden. Außerdem beruht die Einzelehe, d. h. der geschlechtliche Alleinbesitz, auf der innersten Selbstsucht des Menschen. Ein genialer Poet könnte den Stoff einer interessanten Zukunftsdichtung darin finden, die Menschheit im Zustand der freien Liebe zu schildern — wie dann daraus naturnothwendig ein gegenseitiger Brunstkampf resultiren müßte, der den Kampf um's Dasein in's Bestialische steigern und die Wiedereinführung der „conventionellen" Ehe als einzige Erlösung aus diesem Labyrinthe zeigen würde.

Wenn aber die Liebe an sich keineswegs nur in dem thierischen Akt der Begattung besteht, wenn die Ansichten des Materialismus über die völlige Nichtexistenz eines seelischen Prinzips im Menschen auf unwissender Verkennung der inneren psychologischen Entwicklung des Menschengeistes beruhen — ja, dann werden alle conventionellen Lügen, so peinlich sie den einzelnen treffen mögen, die wahre Fortentwicklung der Menschheit nicht hindern. Im Gegentheil: Entsagung, Selbstopferung, Ueberwindung geschlechtlicher Ergänzungsreize u. s. w. werden wie ein jedes Leid zur inneren Veredelung des Individuums beitragen. Und wer weiß denn, ob diese Gemüthsstimmung bei der Kinderempfängniß der Frau nicht unter Umständen dem Kinde des ungeliebten Mannes geistige und Charaktereigenschaften vererben kann, die zwar nicht zum physischen Glück dieses Kindes, wohl aber zu seiner sonstigen intellektuellen Entwickelung beitragen?!

Wie Wenige paaren sich denn ihrer „ersten Liebe!" Dies müßte doch laut Nordau's Theorie sicher die wahrste oder einzig wahre sein. Es müßte also für die Menschheit schon ein Schaden daraus erwachsen, daß fast jede Mutter auf Erden eine starke Jugendneigung begraben hat, ehe sie sich einem Gatten hingab. Auch dürften dann aller Wahrscheinlichkeit nach alle unehelichen Kinder mehr zur „Fortentwickelung der Menschheit" beitragen, da sie doch offenbar unter dem größten sinnlichen Gattungsreiz erzeugt sein müssen. Das glaubt Herr Nordau doch wohl selber kaum.

Eine halb verrückte österreichische Emancipationsnärrin

hat kürzlich einen Roman verbrochen „Ein weiblicher Prometheus." Darin trägt eine erhabene Dame, welche nebenbei hauptsächlich in Toiletten ihre Geistesfraft zu entfalten scheint, im Sinne Nordau's allen Conventionellen Lügen. Sie, zweimal Wittwe, reiche Aristokratin, verliebt sich in einen blutjungen böhmischen Rastelbinder, mit dem sie kein Wort deutsch reden kann. Dennoch ahnt sie natürlich in seiner schönen Form eine schöne Seele und läßt ihn in einer Bildungsanstalt für sich als künftigen Gatten heranzüchten. Natürlich verliebt sich der intereffante Jüngling vice versa in seine mütterliche Freundin — und die Zuchtwahl feiert ihren Triumph, alle conventionellen Lügen verachtend.

Ein netter „weiblicher Prometheus" — der den prometheischen Funken aus einer schönen Seele schlägt, um die körperliche Behausung derselben einem Zuchtwahlfinstinkt anzupassen. Möchten doch die weiblichen Autorinnen einsehen, welche Verachtung des Weibes ihre naiven Bekenntnisse einer schönen Seele erwecken müssen! Wenn das wirklich das „Ur- und Normalweib" ist (wie die betreffende Dame sich selbst genannt hat), so müssen wir ja den conventionellen Lügen Dank wissen, daß sie die dachantische Entfesselung dieser keuschen Seelentriebe ein wenig einschränken. Also, Herr Nordau glaubt, daß aus dieser Muster-Zuchtwahl Kinder hervorgehen werden, die besonders zur „Fortentwickelung der Menschheit" beitragen dürften?! Wir erlauben uns stark daran zu zweifeln.

Eine viel bedeutendere Behandlung dieser Materie hat uns G. Sand geliefert, der sonst, ebenso wie Balzac, dem psychischen Element der Liebe gerecht wird. Wir meinen den „Jaques", eine sehr kühne Illustration der Nordau'schen Theorieen. Jaques, eine intereffante Individualnatur, heirathet ein junges Mädchen, nachdem er die Stürme der Leidenschaften durchgemacht. Es geht anfangs alles gut. Nachher aber erscheint ein insipider junger Mensch von stattlichem Aeußern auf der Bildfläche und unwiderstehliche Leidenschaft ergreift die sonst „engelhafte" junge Frau für den gleichhaltigen Verehrer. Als nun Jaques nach dem Tode seiner Kinder eines Tages einen Brief des Cicisbeo an die untröstliche Mutter findet, in dem die namenlos brutalen Worte vorkommen: „Die Kinder, die wir mit einander haben werden, würden nicht so leicht sterben. Denn die Kinder der Liebe sind kräftig" — verzieht sich der intereffante Greis von 35 Jahren in die Berge von Tirol und verschwindet in einem Abgrund.

Nicht wahr, Herr Nordau, das ist großartig! Das nenne ich einen Biedermann, der die Naturgesetze respectirt und sich über die conventionelle Lüge erhebt! Er überläßt die Mutter seiner nicht nach darwinischen Kreuzungsgesetzen erzeugten Kinder rücksichtsvoll dem neuen Zuchtwahl-Ideal ihres Organismus. Also die „kräftigen" Kinder des mittelmäßigen und charakterlosen Jaques? Nein, unseres Erachtens hätte der gutherzige Gatte sich und der Gesellschaft einen besseren Dienst geleistet, wenn er die conventionelle Lüge seiner Ehe vertheidigt, den werthlosen Liebhaber erschossen und seiner Frau, die nur ein physisches „Ergänzungsideal" für die klaffende Lücke ihres Innern zu suchen scheint, gehörig eingebläut hätte, daß sie in Erziehung ihrer Kinder und dankbarer Pflichterfüllung ihr Ergänzungsideal zu finden habe.

Nicht auf der Kindererzeugung, sondern der Kindererziehung, nicht auf der physischen Erregbarkeit, sondern auf Geist und Charakter der Eltern beruht die Möglichkeit einer Evolution in Darwin's Sinn. Und dies wird wieder nur ermöglicht durch Verbreitung einer idealistischen ernsten Auffassung des Lebens und Ausrottung des materiellen Eudämonismus. Die Doctrinen des letzteren sind natürlich bequemer, ja für den Geschmack der Menge „poetischer". Es ist charakkritisch, daß aus Zerrung des physischen Gattungstriebes ein Produkt wie Mantegazzas „Physiologie der Liebe" hervorgegangen ist, welches in krankhafter Ueberschwänglichkeit, einem romantischen furor aphrodisiacus schwelgt, der durch seine hysterische Verzückung nun erst recht in's Transcendentale hinüberspielt. Wir aber ziehen es vor, unsere Ansichten über die „Naturgeschichte der Liebe" und die „Ehelüge" mit den nüchternen Worten eines wahren Dichters zu schließen, der auf dem Boden der christlichen Weltanschauung steht — mit den hoheitsvollen Worten aus Wordsworth's „Laodamea":

> „Kern' durch ein sterblich Sehnen aufzuschweben
> Zu einem höher'n Ziel. Die heil'ge Kraft
> Der Liebe ward dir dazu meist gegeben.
> Zu hoch bestägeit ward die Leidenschaft,
> Das Ich zu tödten. Ihre Knechtschaft gleicht
> Den Fesseln eines Traumes, dem Liebe weicht.

Die aristokratische Lüge und die geistige Aristokratie.

I.

Bei seinem Kapitel „Die monarchisch-aristokratische Lüge" wird man Herrn Nordau die eine Anerkennung seines unvorsichtigen Muthes zugestehen müssen, daß er es verstanden hat, alle tiefer Denkenden vor den Kopf zu stoßen, ohne dabei den Beifall irgend eines Dummkopfs zu gewinnen. Keine Partei sieht sich darin geschmeichelt. Die Autoritätsgläubigen d. h. die Narren und Unwissenden, wie die sogenannten Freidenker d. h. die Unklaren und Halbwissenden werden seinen Definitionen mit gleicher Entrüstung folgen — falls sie geistig dazu im Stande sind. Der uckermärkische Junker wie der Fortschrittspabst müssen Nordau verabscheuen.

Indem er nämlich dem monarchischen Prinzip den Garaus zu machen sucht, erklärt er zugleich, die Republik sei ein zweifelhaftes Ideal und für's erste jedenfalls die Menschheit noch lange nicht reif für dies Ideal, wenn es überhaupt je erreichbar wäre. Das ist wenigstens der langen Rede kurzer Sinn, die unter allen Umschweifen zwischen den Zeilen verborgen liegt.

Indem er ferner den bestehenden Adel auf jede erdenkliche Weise beschimpft, giebt er die volle Berechtigung des Blut-Adels zu. Es ist dies ja auch vom Darwinistischen Standpunkt aus nicht wohl anders möglich. Das Wahre seiner Hypothesen wollen wir gebührend anerkennen, das Falsche kurz erörtern.

Nordau behauptet, es gäbe nur zwei vernunftgemäße Dinge: Absolutismus oder Republik. — Dies widerlegt sich auf's einfachste durch den einzig möglichen Beweis: Das Experiment der Erfahrung. Die europäischen Völker des Alterthums, sowohl die beiden Kulturvölker als die germanisch-keltischen Naturvölker, haben nie den Absolutismus gekannt. Die ersteren wurden geleitet von dem echt Darwinistischen Prinzip der Geschlechterherrschaft oder aristokratisch geleiteten Res publica. Der Cäsarismus war eine kurze krankhafte Aufimpfung des orientalischen Geistes – des Sultanismus, „beschränkt durch den Meuchelmord". Die Germanen aber pflegten von Anbeginn im „Herzog"-Heerkönigthum das gleiche ihnen naturgemäße Prinzip, das sie später der abendländischen Welt aufprägten: die constitutionelle Monarchie auf der Grundlage eines unabhängigen Kriegsadels und des allgemeinen Volks-Dings als Ueberwachung. Das germanische Prinzip der Treue, der Herrentreue gegen die Mannen und der Mannentreue gegen die Herren, bildet schon an sich eine „Constitution". Wenn in der kurzen Epoche des Rokoko heißliche Menschenverläufe möglich waren, so widersprach jene berüchtigte „Hundetreue" völlig dem deutschen Wesen. Der treue Hagen des Nibelungenliedes führt die Prinzessin Crimhild, als diese ihn als Mannen mit sich nehmen will, mit zornigem Muthe ab:

Uns kann der König Gunther in der Welt an Niemand vergeben.
Ander Ingesinde nehmt zu Eurer Fahrt:
Ihr werdet ja wohl kennen deren von Tronje Art!
Wir müssen unserm Volke am Hofe hier bestehn

Nun, kein Eugen Richter kann unverfrorener seine constitutionelle Unabhängigkeit betonen.

Es scheint uns ganz müßig, hier das ganze deutsche und englische Mittelalter in die Schranken zu rufen. Jeder nur halbwegs Geschichtskundige wird ja wissen, daß der Parlamentarismus des Mittelalters im Grunde viel ausgedehnter war als der heutige. Wäre doch der deutsche Kaiser weniger durch Constitutionen beschränkt gewesen! Aber selbst der Spanier Karl V. scheiterte bei dem Versuch, den durch die Araber nach Spanien verpflanzten Sultanismus auf die constitutionelle Monarchie der deutschen Eigenart zu pfropfen. Nordau als Darwinist wird also doch wohl die Naturgemäßheit der constitutionellen Monarchie für Deutschland zugeben müssen.

Die Monarchie auf Grundlage einer wahren Aristokratie ist außerdem auf Naturgesetzen begründet, die Nordau als Darwinianer doch wohl aus der Beobachtung jener merkwürdigen Thiergattungen, denen ein staatenbildendes Prinzip innewohnt, erkannt haben müßte. Diese einzig vernünftige Regierungsform kann aber natürlich jeweiligen Abänderungen unterworfen werden, welche dann wieder der Natur entsprechen. So ist z. B. der Cäsarismus, d. h. der Absolutismus auf demokratischer Grundlage, immer die einzig natürliche Bedingung einer übermäßig kraftvollen Regierungsgewalt, wie sie die großen Genies feierten, Peter der Große, Napoleon, Cromwell, Cäsar in feinerem, Peter der Große, Bismarck u. s. w. in gröberem Sinne — verkörpern und ausüben. Daß die französische Revolution eine kurze, aber weltumgestaltende Spanne Zeit hindurch eine Pseudo-Demokratie, in Wahrheit aber die schroffste Adelstyrannei der stärksten Talente und Energieen, durchführte, ist ebenso naturgemäß, wie die daraus resultirende Evolution, daß der Gewaltigste dieser Geistesaristokraten sich aus der neuen Kaste als cäsarischer Autokrat emporhob und mit dem

vom höchsten Range, den Großen Kurfürsten und Friedrich den Großen, hervorgebracht. Ja, selbst die minder begabten Sprossen ragen unter den Fürsten ihrer Zeit durch Charaktereigenschaften hervor. Sie haben damit ihren Herrscherberuf wahrhaft von Gottes Gnaden bewiesen, sie sind die Herrscher der Menschen durch das Darwinische Rechtsgesetz des Stärksten und Besten. Eine solche Monarchie kann die „Religion", wie Nordau sagt, oder die „Kirche", wie wir es lieber nennen wollen, sehr leicht entbehren; sie bedarf auch nicht des Militarismus, um sich zu schützen. Sie steht vielmehr wie ein rocher de bronce errichtet auf den Naturgesetzen der Vernunft und des Darwinismus, welche Nordau selbst als unfehlbar und unwiderstehlich proklamirt. Ein solches Königthum ist allerdings, in Folge seiner durch Jahrhunderte erworbenen Tradition, von dem Nimbus einer naturgesetzlichen Autorität umstrahlt, der es in gewisser Hinsicht als „absolut" darstellen muß. Es wäre auch naturwidrig und darum unheilvoll, wenn es mit dieser Bestimmung in Selbstwiderspruch geriethe. Eine Adelskaste, die sich einen Dogen nach Belieben aus ihrer Mitte wählt und überwacht, wird nur Marino Falieris oder Puppen erzeugen.

Die stete Neugebärung und Uniformung einer Aristokratie einer wahren Aristo-kratie der Besten, dies wichtigste aller Evolutionsgesetze, ist zwar selbst nur selten zum Austrag gekommen. Die Realisirung dieses Strebens wird jedoch in jedem Falle unter einer liberalen Allerweltsregierung und Pöbelsouveränität viel unmöglicher sein und bleiben. Betrachten wir daher nunmehr die „aristokratische Lüge" nach Herrn Nordau!

II.

Was derselbe über die Untreue des Adels fabelt, ist ganz nebulos. Der Royalismus desselben hat sich in den schlimmsten Krisen des Königthums stark genug erwiesen, nicht einmal vor Landesverrath zurückzuschrecken, und hat — nicht zu seiner Ehre — gezeigt, daß ihm der König sowett Volk und Vaterland repräsentirt, daß er für diesen gegen das Vaterland mit dem auswärtigen Landesfeind zu den Waffen greift.

Im Uebrigen wäre es ja der Bestimmung des Adels nicht widersprechend, wenn er bei Dynastienwechsel sich mehr dem Prinzip des Thrones an sich, als der Person des angestammten Herrschers verbunden fühlte. Doch haben wir auch hier die stärksten Proben des Gegentheils, indem das Prinzip der Ehre, welches dem Adel naturgemäß sein muß, zum strikten Legitimismus hindrängt.

Napoleon urtheilte über die Unterwerfung des bourbonistischen Adels verächtlich: „Ich öffnete ihnen die Reihen meines Heeres — da blieben sie aus. Ich öffnete ihnen meine Vorzimmer — da strömten sie hinein!" Gewiß gab es viele Laquaienseelen unter diesem Adel. Aber darum sei nicht übersehen, daß die liebenswürdigen und nobeln Gestalten in den Armeen der Republik und des Kaiserreichs fast ausschließlich dem Adel angehörten, während die aus der Crapüle hervorgegangenen Großwürdenträger durchschnittlich die tiefste Gemeinheit der Gesinnung athmeten.

Es wird auch ein unvergängliches Ruhmesblatt in der Geschichte des Realismus bleiben, daß der hohe französische Adel in jener Nachtsitzung vom 4. August 1789 mit wahrhaft „vornehmem" Elan selbst die Abschaffung aller Feudalrechte und Titel proklamirte. Es wird ferner das Faktum bestehen bleiben, welches Herr Nordau — der bekanntlich seit Jahren in Paris auf die französische Nation schimpft — wohl kennen mußte, daß der französische Adel sich 1870 überall unter der republikanischen Regierung durch höchsten Patriotismus hervorthat, daß die heldenhaften Erscheinungen der Mobilgarden- und Francticeurführer besonders dem christlichlegitimistischen Adel der Bretagne angehörten, daß die Damen des Fauburg St. Germain durch Muth und Aufopferung als Krankenpflegerinnen hervorleuchteten — während die Bataillone der Canaille, die nachher im Communelampf sogar den Preußen die Besetzung von Paris anbot, in den Schlachten feige davonliefen.

Wenn also Herr Nordau behauptet, die „Autaristotratie," welche er als Darwinist gelten läßt, sei ausgestorben, so scheint es denn doch, als ob der „Briefadel" (wie er sich ausdrückt) desselben Gesetze des Ehrgefühls und persönlichen Muthes geerbt hätte.

Gewiß mag wohl auch in England die normännische Aristokratie, die vielleicht ihren letzten Repräsentanten in dem unvermischten Normannen Byron fand, ausgestorben sein. Nichtsdestoweniger hat dieser „Briefadel," wozu sich noch der alte sächsische Grundadel der Squires gesellt, England viele der hervorragendsten Männer gegeben. Allerdings ist ja hervorzuheben, daß das darwinistische Evolutionsprinzip hier wie nirgends durchgeführt wurde, indem unablässig durch Hinzuziehung aller geistigen Notabilitäten der Adelskaste neue auserlesene Kräfte aus dem Volke zuströmten.

Was den deutschen Adel betrifft, so ist es sicher sehr traurig, daß z. B. der böhmisch-deutsche Adel seinen Hauptzweck in Untergrabung des Deutschthums findet. Die maßlosen Schimpfreden, mit denen Nordau den europäischen Adel an sich überhäuft, dürften aber auch selbst für den österreichischen keine Berechtigung haben. Denn wäre wirklich eine fortwährende Degenerirung aller Adelsfamilien bestehend, so könnte der Adel nicht noch so manche ehrenwerthe und tüchtige Individuen erzeugen. Wieviel hat man dem magyarischen Adel vorzuwerfen und doch gab dieser in Szécheny und Eötvös Ungarn seine edelsten Männer!

Die Gründe dieser letzteren Erscheinung hat Nordau auch mit anerkennenswerther Klarheit definirt. Der Besitz eines angesehenen Namens bietet außergewöhnliche Bürgschaften dafür, daß sein Träger eine sichere Auffassung der Pflicht und ein höheres Ideal des Menschenthums haben wird, als ein Individuum niederer Herkunft. Und grade beim Einzelnen des Lebens für den Staat habe dies den mächtigsten Einfluß. Der Familienstolz und Ahnendünkel scheint also Herrn Nordau sozusagen verläßlicher, als der kategorische Imperativ eines v. p. Schultze. Gut. Um so weniger wird er die Bedeutung speziell des preußischen Adels bestreiten wollen. Dieser bildet von jeher eine Kriegerkaste, die ihr Blut von Geschlecht zu Geschlecht für das Gedeihen des Staates vergoß. Es wäre somit nicht einmal so ganz verwerflich, wenn der Adel alle Offizierstellen der Armee occupirte. Man darf aber behaupten, daß im Großen und Ganzen der Offiziersstand an sich in Deutschland die eigentliche Aristokratie vorstellt. Dieser adelige oder nicht adelige bevorrechtete Stand ist arm und kämpft mit dem Mißverhältniß seiner Mittel und Ansprüche einen so herben tapferen sittlichen Kampf, daß wir ihn ohne weiteres als den im Durchschnitt achtungswerthesten Stand überhaupt bezeichnen können. Selbst wenn man die elelhaften einzelnen Typen des Gardelieutenants und des Cavallerieoffiziers alten Styls sich vergegenwärtigt, für das Gebleiben des Staates vergoß, so wird uns immer noch den unermeßlichen Abstand erläutern, der zwischen einem noch so geistlosen und verluderten Adel und den Finanzparvenüs ewig bestehen wird. Die Einen sind Degenerirte oder Sprößlinge von Flachsköpfen, die andern Sprößlinge von Schuften und Lumpen — ein gewaltiger Unterschied! Ja, leider ist wohl durch die Beimischung solcher Elemente in Folge ie aristokratische Züge und die geistige Aristokratie.

stlichen Geldheirathen heruntergekommener obliger
: die Abstammung vergiftet und degenerirt worden.
Aus den Kreisen der Geldwucherer werden sicher keinen
das Leben scheuken, in welchen das adelige Grund-
der Ehre lebendig ist. Das Constitiren solcher
saben, welche doch der Adel, wenn er logisch seinen
unft behaupten will, als schreckliche Mesalliancen auf-
nuß, zeigt schon, wie tief auch der preußische Adel
irt und entartet ist.
Wenn aber Nordau behauptet, aller moderner Adel sei
tini Adel, der darwinistisch berechtigt sei, sondern „Brief-
" der nur durch Gunst des Monarchen ertheilt werde, so
er doch wohl zu weit. Diese Gunst erwerbe man nur
schmutzige Motive, da ja die Monarchen selbst immer
ige erbärmliche Menschen seien. Entweder sei man ein
reke oder ein Verbrecher oder ein gemeiner Streber oder
gefällige Töchter und Gattinnen. Allerdings regt manches
n zum Nachdenken an. Wir kennen ja Nachkommen der
delten Maitressen preußischer Prinzen. Hingegen ist uns
natürliche Sohn eines hochstgestellten Mannes bekannt,
icher seinen sogenannten Adel abgelegt hat, obendrein sozia-
listischen Tendenzen huldigend. Aber hier der wirklich vor-
chwere sei, wagen wir nicht zu entscheiden.

Im Ganzen aber sieht doch Nordau zu schwarz, wenn er
ch zu dem Dictum versteigt:
„Es giebt fast kein Beispiel, daß eine hohe und edle
Natur, die einen idealen Typus darstellt, in den Adelsstand
erhoben wäre. Wenn selten einmal wirklicher Verdienst einen
Adelsbrief gefunden hat, so muß es zu seinen vortrefflichen
unbedingt auch niedrige und verächtliche Eigenschaften gehabt
haben und die letzteren erklären es dann, das es fürstliche
Anerkennung gefunden hat."

Untersuchen wir diese Frage näher, so werden wir aller-

Persönlicher Lebensadel.

dings finden, daß von geistigen Größen ersten Ranges zuvörderst nur Göthe und Schiller geadelt worden sind. Dies
wird nun freilich Jedermann nur als Beschimpfung und
Degradirung dieser Genien betrachten. Wem steigt nicht
die Schamröthe in's Gesicht, wenn er auf den Theaterzetteln
der Hofbühne manchmal authentisch liest: „.... Drama von
Friedrich von Schiller"!! Außerdem müssen wir ja hier Nordau
die Konzession machen, daß die beiden großen Stürmer als Ultra-
konservative geendet haben, wodurch sie vielleicht ihre reifere
Einsicht, aber auch den Grund ihrer Adelung bekundeten.
Ziemlich Aehnliches gilt neuesten Datums bei Ranke
und Heimholz.

In Süddeutschland ist man freigebig mit dem persönlichen Lebensadel. Auch eine Reihe von norddeutschen Schriftstellern und Künstlern besitzen denselben; noch nie aber — zur
Ehre derselben sei es gesagt — hat irgend einer davon Ge-
brauch gemacht. Daß sich Lenbach und Defregger konsequent
„v. Lenbach und v. Defregger" nennen, (die böse Welt sagt
sogar den Briefen der einen Künstlergattin, einer früheren
Tyroler Bäuerin, die Unterschrift „Frau v. ...." nach) ist
psychologisch durch ihre Herkunft aus den unteren Volks-
schichten erklärlich. Mit Hochgenuß wird man sich noch der
rührenden Bescheidenheit erinnern, mit welcher ein nicht lange
verstorbener großer Schriftsteller, der in Süddeutschland den
persönlichen Adel empfangen hatte, Jedermann in Berlin aus-
holte, ob er sich jetzt wohl „von Y." nennen sollte. Und immer
die unweigerliche Antwort: „Nein, lieber P., das schickt sich
nicht!" So hoch schätzt man in der geistigen Aristokratie den Adel!! Die bekannte Antwort Lincolns an den
„Prinzen" Zahn: „Das soll Ihnen bei uns nicht schaden!"
möchte im Prinzip noch häufig genug nachgeahmt werden.

Es scheint also ein wenig übertrieben, wenn Nordau
behauptet, das Snob-thum sei eine allgemeine Erbkrankheit

kürzlich in Scene gesetzt: Das sogenannte Jubiläum des Grafen Schack.

Dieser wirklich bedeutende Mann hat mehrere Millionen geerbt, den Grafentitel und viele Orden errungen und besitzt eine berühmte Gallerie. Das Alles genügt ihm aber nicht. Er hadert mit seinem Schicksal, weil seine opulent auf seine Kosten gedruckten Werke keine Verbreitung gefunden haben. Er hält sich für das verkannteste aller Genies und sprach es klar aus, daß andere Nationen einen so großen Dichter hätten würdigen können.

Mag sein. Meine andere Nation aber empfinde dafür eine solche Ehrfurcht vor seinem Titel und beeilte sich so freudig, ihn daraufhin zu feiern. „Aus allen Gauen Deutschlands strömten Huldigungen" u. s. w., wie es in der Zeitung zu lesen stand, mit der wohlmeinenden Bemerkung, da sähe der große Schack, wie sehr er das bedenkende Volk der Dichter und Denker unterschätzt habe.

Humbug, nichts als Humbug. Mein Mensch in Deutschland kümmert sich im Geringsten um den Dichter Schack, dessen unläugbar formvollendeter Tibullist sehr schwer zu verdauen ist. Selbst seine meisterhaften Uebersetzerkünste sind nur den happy few bekannt. Woher denn die Begeisterung, sobald dienst- eifrige Cornbauten allerorts die Maschine in Bewegung setzt? Ganz einfach daher, weil die deutsche Bedientenseele sich fromm verwundert, daß ein „hochgeborener Herr Graf" (so rebell der Vorstand des deutschen Schriftstellervereines in seiner Adresse den Dichter an!) auch mal ausnahmsweise gedichtet und gedacht haben soll, während dies doch eigentlich als nicht ganz standesgemäß erscheint. Die ganze gemachte Ovation dieses Jubiläumsschwindels ist wieder nur Snobismus der lächer- lichsten Art.

Es wird nun an der Zeit sein zu untersuchen, nicht ob der Adel in dieser Form berechtigt sei, — denn das ist er

so gut wie irgend eine andre naturnothwendige Erscheinung der Gesellschaftsbildungen, die Nordau mit unbegreiflichem Vergessen seines darwinistischen Standpunktes der mechanischen Weltordnung als „Lügen" bezeichnet — sondern vielmehr, ob er halbbar sein werde.

Für eine Horde von Rothhäuten besteht der natürliche Strafstabel in der Muskelstärke. Für mannbare Jungfrauen ist etwa ein schöner Heldentenor der erlauchteste Mann. Die Gesellschaft besteht aber heutzutage nicht aus Rothhäuten, sondern aus Brillententragenden „Gebildeten," und selbst die mannbare Jungfrau soll als höhere Tochter wenigstens öffentlich edlere Ideale verehren, als die männliche Schönheit eines Tummelopfes. Es kann daher unmöglich vernunftgemäß erscheinen, daß man den Tätowirungen und der Kriegsbemalung, der sogenannten „Uniform," der Kriegerkaste noch heutzutage Bewun- derung zollt und den Schwingern des Tomahawaks die erste Stelle in der Gesellschaft zuweist. Hierin stimmen wir mit Herrn Nordau überein, trotzdem wir, wie oben ausgeführt, vor dem Offizierstande an sich die größte Hochachtung hegen. Obwohl jedoch derselbe viele männliche Tugenden ausbildet, so wird man andererseits kaum läugnen können, daß auch Streberei, Pedanterie, äußerliches Scheinwesen hier besonders üppig gedeihen. Ein Stand, in welchem ein Moltke erst als Greis seine Fähig- keiten entwickeln konnte — ein Stand, in welchem sogar ein Bonaparte bis ins 28. Jahr hinein trotz der denkbar günstigsten Avancementsverhältnisse im Verborgenen schmachtete, ist sicher nicht derjenige, in dem die geistige Capacität am meisten Aussicht auf Erfolg besitzt. Gleichwohl ist es bezeichnend, daß speziell dem Generalstäbler (also dem, oft im praktischen „Dienst" nicht ganz sattelfesten, Gelehrten in Uniform) die Verehrung der Gesellschaft zu Theil wird. Es ist also auch hier der Geist, dem man den Vorrang läßt. Der eleganteste gräfliche Husarenrittmeister tritt durchaus neben einem schlicht bürgerlichen Generaladler in den Hintergrund. Dies wäre ja nun ein hocherfreuliches Zeichen intellectueller Entwickelung. Es folgert sich aber logisch daraus, daß, wenn man dem Geiste schon in einem nur halbgeistigen Gebiete so hohe Verehrung zollt, man doch nun doppelt und dreifach die Arbeiter auf rein geistigem Gebiete auszeichnen werde. Denn der Krieg ist zwar ein nothwendiges Uebel, aber doch nur ein ephemerer Zustand, der auch nur Ephemeres erzeugt. Wissenschaft und Kunst hingegen sind ein Dauerndes, das sich mit dem Unendlichen verbindet und Mustergiltiges schaffen kann. Sie fördern zugleich den Ruhm wie die Ehre der Volks-Gesammtheit.

Ihnen müßte also überall die erste Stelle eingeräumt werden. Daß dies aber keineswegs geschieht, dafür giebt es einen klaren Beweis. Entweder ist die Monarchie und ihr Hof als Spitze der Gesellschaft für den Kulturstand der Nation typisch oder sie steht in Widerspruch zu demselben. Da wir das Erstere annehmen müssen, so bewundern wir das Ceremoniell der Hofetikette, wonach der junge Officier mehr als der verdiente Beamte und alle beide mehr gelten, als die Notabilitäten der Kunst und Wissenschaft. Letztere bestehen nun durchschnittlich aus den staatlich patentirten Professoren der Universität und der Kunstakademie. Bezüglich letzterer beweist übrigens der deutsche Michel seine Unbildung in wahrhaft kindischer Weise. Ohne nämlich zu ahnen, daß fast alle großen Künstler unfähig zum „Lehren" waren oder keine Zeit dazu hatten, besteht für ihn die Größe des Künstlers in seiner amtlich beglaubigten Lehrerwürde und vor allem in dem Titel „Professor," der ihm sofort die Bedeutung des Mannes beglaubigt. Aus dem Allen ergiebt sich nun klärlich, daß von einer Achtung vor Kunst und Wissenschaft an sich gar keine Rede sein kann.

So wird auch das Verhältniß des deutschen Biedermannes zur freischaffenden Literatur, dieser höchsten Blüthe des menschlichen Geistes, verständlich. Schon der Name „Schriftsteller," der bei den großen Kulturvölkern des Westens höchstes Ansehen beansprucht, erweckt dem Philister ahnungsvolles Grauen. Er sucht gleichsam vor einer großen Leere, wohin sein Senkblei seiner Gesellschaftsordnung hinabtauchen kann, und mit dem vollen horror vacui stürzt er sich krampfhaft in die Betitelung „Herr Doctor," die er sogar jedem Preßbengel gütigst an den Kopf wirft. „Herr Doctor!" Ah, jetzt hat das Kind doch einen Namen! Schriftsteller, Dichter — was für vague Begriffe, für die sich zur rechten Zeit der „Doctor" einstellt! „Redacteur" freilich — wie anders wirkt dies Zeichen auf ihn ein! Darin liegt so ein gewisser solider Klang, der an „Geschäft" und „feste Anstellung" erinnert. Wären die Redacteure gar pensionsberechtigt, so könnte man wenigstens diesen Theil der Federlumpen unter die anständigsten Staatsbürger rechnen. Auch die hohen Honorare eines Autors nöthigen uns aus ähnlichem Grunde sympathische Gefühle ab, wie wir sie etwa für einen erfolgreichen Börsenagenten empfinden. „Der Kerl versteht ein Buch zu machen!" sagen dann die Verleger — wie z. B. von Herrn Nordau. Das ist keine conventionelle Lüge, sondern ehrliche Anerkennung seines „Verdienstes," das sich wie bei jedem Ehrenmann in Baarem darstellt. Solche Buchmacher werden gewissermaßen den Literatenstand noch salonfähig machen.

All' diese kleinen Bitterkeiten sind nicht übertrieben, sondern buchstäblich wahr. Aber die deutsche Bierseele zu zergliedern versteht, wird uns beipflichten. Und einer solchen täglich materieller werdenden Gesellschaft gegenüber will Nordau gegen einen Briefadel, sei er noch so degenerirt, Protest einlegen? Welche ideologische Tollheit! Gerade ein solcher Adel ist der einzige Adel, der dem sogenannten Volk der Dichter und Denker imponiren kann, welches für den Geistesadel, falls er nicht extra staatlich patentirt wird, nicht das geringste Verständniß besitzt.

Mit stiller Heiterkeit haben wir daher in einer Broschüre Nordau" — welche von ziemlich kirchlichem und torys n Standpunkt aus mit gehudem Menschenverstand, aber unmanierlicher Sprache den bösen Buben Max züchtigende Lösung für die „Aristokratische Lüge" angestrebt en:

„. Förderung der Wissenschaft und Kunst tritt ebenneben persönlichen Opferrmuth und Staatsverdienst, der Adel von Gottes Gnaden ist der Geistesadel. Mit rlöschen der Kriege werden soldatische und Feldherrnhaften mit dem Weltbürgerthum Staatsverdienst und atische Künste an Werth verlieren: Es werden die gen auf rein geistigen Gebieten als Dichter, Naturr, Gelehrte, Schriftsteller, Künstler an die Spitze treten!" rden — ja wohl! Als ob die Kriege je erlöschen, als : Nationalitätscontraste je ausgemerzt werden könnten! r Uebergang macht sich schon heut durch einen Riß im soadel fühlbar, der eine stets eiternde Wunde am stkörper darstellt. Es sind und fühlen sich viele als eute von Gottes Gnaden, denen die staatliche Anung dazu fehlt, während manche einen wenigen Namen t, ohne zum Geistesadel zu gehören. Wir bedürfen einer ildung des Adels auf Grund des Bildungsgrades er geistigen Fähigkeiten. Man lasse den historischen seine Titel und gebe dem neuen Geistesadel die Erlaubniß. äußerliche Auszeichnung seines Ranges tragen zu dürfen." Ja, wie wir Herrn Nordau aus seinen Büchern kennen, dieser überraschende Vorschlag ihm als „ein Ziel aufs te zu wünschen" erscheinen. Und in der That, — daß onalistischer und selbst adeliger Officier a. D. den Zwiespalt Adels und Geistesadels so scharf betont und so weitgehende ständnisse macht, ist wahrlich ein Zeichen der Zeit, daß saul im Staate Dänemark. Helfen aber werden auch die radicalsten Reformmittel hier nicht das Geringste. Denn auch hier handelt es sich nicht um „conventionelle Lügen," sondern um conventionelle Wahrheiten, die als natürliche Folge dieser „besten aller Welten" erscheinen.

Wären, wie der Materialismus in seiner oberflächlichen Art als Grundsatz aufstellt, die menschlichen Gehirne so ziemlich alle über ein und dasselbe Normalmaß geschoren, so würden nicht Dinge, die den Vernünftigen entrüsten, dem Unvernünftigen als weite Unterschiede der Gesellschaft erscheinen: Die Herrschaft der Mittelmäßigen und Schlechten über die Geistvollen und Guten, die Herrschaft des Physisch-Sinnlichen über das Psychische in der Welt, wo — wie Nordau ganz richtig bemerkt — ein schöner Kellner mehr Aussicht auf „Erfolg" mitbringt, als der genialste Idealist.

So ist durchaus keine Schande der Menschheit, wenn Hans die Grete seiner Zuchtwahl nicht bekommen kann, und auch kein Verlust. Es ist auch kein Grund zum Pessimismus, wie Nordau ein andermal bemerkt, „daß Hans die Grete nicht kriegt, obwohl er sie treu und ehrlich liebt, sondern Grete sich einem Halbunten hingiebt, der sie elend macht." Denn Grete folgte doch jeden falls einem Trieb ihres persönlichen Eudämonismus und stillte diesen. Hier ist weder ihr noch der Natur etwas vorzuwerfen.

Aber es ist und bleibt eine Schande der Menschheit, daß ein dummer Junge, den man „Herr Baron" anredet, und eine am eigenen Schleime emporgetrocknete Schnecke, die auf den Namen „Geheimrath" hört, sich vornehmer dünken dürfen und eine höhere Geltung genießen, als der Autor oder Künstler, der die glänzendsten Proben außergewöhnlicher Geistesgaben abgelegt hat. Denn daß dies thatsächlich der Fall ist, darüber kann kein Zweifel obwalten, so sehr der sogenannte „Ruhm" darüber hinweggläuschen mag. Und so ist ein wahrer Grund zum Pessimismus, weil ein directer Verlust hierdurch herbeigeführt wird. Denn da die meisten Leute von Geist eitel und leicht verletzbar sind, so wird unablässig durch dies Mißverhältniß ihrer Ansprüche und der Stellung, welche ihnen die Welt anweist, ein innerer Groll genährt, der nothwendig zu einem Mißvergnügen mit der bestehenden Gesellschaft führen muß. Es trifft sich nur glücklich, daß die privilegirten Kasten sich mehr oder minder abgeschlossen halten. Durch stete Berührung mit denselben würde das Unbehagen der geistig Privilegirten bis zur Unerträglichkeit gesteigert. Uebrigens wissen der gefeierte Maestro, Komödiant oder Damenmaler meist sehr genau, wo die Anschwärmung der aristokratischen oder der finanziellen Salons aufhört. Er versuche einmal wirkliche Gleichstellung zu beanspruchen und er wird blitzschnell erkennen, daß der Briefadel und der Geldsack sich für die einzig realen Bevorrechteten der Erde halten! Oder er versuche einmal — ein Kapitel in G. Eliot's „Daniel Deronda" illustrirt dies prächtig — seinen „berühmten Namen" als Mitgift gegen hohe Geburt und etliches Kleingeld in die Wagschale zu werfen: Dieselbe Mutter, die eben noch seinen „Geistesadel" bewunderte, möchte ihm da den Standpunkt klar machen!

Alles dies trifft in besonders hohem Maße auf die Schriftsteller zu, die doch als eigentlichste „Ritter vom Geiste" voran stolziren sollten. Der „Marsch des Intellects" hat es bisher nicht ändern können, daß der Komödiant, der Klavierpauker, die Balleteuse, der Heldentenor und endlich im günstigsten Fall der Portraitmaler des weiblichen Adels, der Unsterblichkeitsverleiher von Sammt- und Spitzenmantillen, unter allen „geistig Arbeitenden" als Publikum am sympathischsten blieben. Beim Gelehrten imponirt allenfalls noch der Professortitel und die feste Anstellung.

Was ist nun die Folge des mangelhaften Ansehens, das der Held der Feder im deutschen Bärenlande genießt? Ganz einfach der, daß ein Geist des Mißvergnügens die ganze Literatur durchzieht und gerade hierdurch sich der ganzen Nation

mittheilt. Dieser Literaturgeist des Mißvergnügens ist aber der gefährlichste Feind, den die bestehende Gesellschaftsordnung reizen kann. Denn, allem hochmüthigen Herabsehen des Staates zum Trotz, regiert seit hundert Jahren die Feder die Welt. Diese Feder aber wird regiert von oft recht eitlen und schwachen Menschen, welche ihr persönliches Unbehagen, sei es gekränkte Eitelkeit sei es gerechter Stolz, in ihren Darstellungen der Gesellschaft überlegen und damit direkt oder indirekt all ihre Leser infiziren. Als man den Kanzler Pitt um Staatssubvention für den großen Burns anging, erwiderte er hochherab: „Literatur muß für sich selber sorgen." „Ja, das wird sie," ruft Carlyle hier aus, „und für euch dazu, so ihr euch nicht in Acht nehmt!" Die französische Revolution ist notorisch von mißvergnügten Literaten gemacht und wie enorm ist dies Heer seitdem angewachsen! Die Schriftsteller besonders, aber auch das andere Münsterproletariat — das sind die wahren „Enterbten" und „Deklassirten." Sie sind es, die sich am meisten an ihrem Schicksal zu rächen haben, und sie thun es, indem sie allenthalben den Samen der Unzufriedenheit säen.

Nicht ohne Grund. Es war nicht gerade ehrenvoll für die Petenten, aber sie selber ehrten ihre Nation, wenn Lamartine und Chateaubriand mehrmals von Frankreich die Tilgung ihrer großen Schulden erwarteten. Denn, hätten sie diese auch ihrer eigenen fürstlichen Verschwendung zu verdanken, so behaupteten sie, daß diese zu ihrem Dichterberufe eine nothwendige Folie gewesen sei. Außerdem aber seien ihre Werke eine Quelle der Erhebung für Hunderttausende bei Lebzeiten und für die spätesten Enkel — man könne also ihre Verdienste gar nicht abmessen. Daß W. Scott bei seinem großen Bankerott zu ablehnen, die Hälfte der Bank von England, die sich ihm anbot, in Anspruch zu nehmen, ist ja noch ehrenhafter, gewiß. Aber wenn doch irgend eine Deutsche Reichsbank in ähnlichem Falle zu solchem Anerbieten fähig wäre!

Statt also großartig von Errichtung eines „Geistesadels" zu träumen, sollte man zuvörderst dafür sorgen, daß 1) die Talentirten ausreichend unterstützt werden, und 2) die Höchstbegabten in entsprechend glänzende Lage versetzt wären. Es konnte am Ende V. Hugo gleichgültig sein, daß er nicht „due" oder „comte" angeredet wurde, wenn er neben der Anbetung Frankreichs auch noch ein paar Millionen aus dem Ertrag seiner Werke besaß.

Daß die geistig Schaffenden, deren Spitzen und Führer den eigentlichen Ruhm ihrer Nationen bilden, deren Kulturstand repräsentiren, deren geistiges Kapital bilden — daß sie meist in schlechten bürgerlichen Verhältnissen verkümmern, ist gewiß ein höhnischer Widerspruch zu unserem scheinbaren Kultus der Kultur. Auch dies aber ist keine „Lüge", sondern die wahre Wahrheit, indem die ungeheure Majorität auch der „Gebildeten" sich in Wahrheit keinen Pappenstiel um das Ideale bekümmert. Es ist ja scheinbar ein Widerspruch, daß die wahren Träger der Kultur von der Kulturmenschheit so wenig gewürdigt werden. Aber nur scheinbar, denn die „Kulturmenschheit", die „Kultur" und andere schöne Worte — das sind alles „conventionelle Lügen." Die Menschheit steht moralisch auf derselben Evolutionsstufe, wie einstmals in der Papua-Negerzeit; sie ist und bleibt „eine stumpfsinnige Bestie", die wesentlich von bestialischen Instinkten gelenkt wird.

Hier ist denn auch der Ort, auf das allerbeste Kapitel Nordau's, das über die „Wirthschaftliche Lüge," einzugehn, welches selbst Angust Niemann in seiner Besprechung Achtung abnöthigte. Die dort aufgestellten Grundsätze sind im Wesentlichen folgende:

1. Der Gegensatz zwischen Arm und Reich sei nie so ausgeprägt gewesen wie jetzt? Das ist offenbar übertrieben. Wir haben nur über die entsetzlichen Verhältnisse des antiken Sklaventhums zu wenig detaillirte Nachrichten. — Das zur Schau tragen des Luxus verschärfe nothwendig die Unzufriedenheit und den Neid der Proletarier? Das war zu allen Zeiten das nämliche. Der Raubritter, der als hagrer Wärwolf die Üppigkeit der Renaissancestädte grimmig beneidete und sogar in Ulrich von Hutten dabei einen Vertheidiger fand, war auch ein solcher Proletar ohne alle Hoffnung auf Verbesserung seines Looses und der Zustand des eigentlichen Volkes im späteren Mittelalter ein unverhältnißmäßig schlimmerer, als heutzutage — wo doch wenigstens gewaltsame Eingriffe der machthabenden Klassen in die gewöhnlichsten Menschenrechte ganz unmöglich geworden sind.

II. Das schlimmste Loos falle den Gebildeten zu, die durch geistige Arbeit ihren Lebensunterhalt zu gewinnen haben, da sie einer tieferen Empfindung ihres Elends unterworfen seien. — Das ist vollkommen wahr. Zum mindesten aber ist ihnen die Ausbildung ihrer geistigen Arbeitskräfte nicht in der Weise vergällt, wie in früheren Zeiten, wo sich solchem materiellen Elend noch geistige Sklaverei unter das Joch von Vorurtheil und Aberglauben paarte.

III. Vermögen würde unter allen Umständen nur durch Handel, Speculation, Großindustrie geschaffen, welche entweder groben gemeinen Betrug oder doch listige Aneignung der Frucht fremder Arbeit zur Bedingung hätten. — Das ist unleugbar richtig. Nur vergißt Nordau wieder, daß Arbeitgeber und Arbeitnehmer völlig von einander abhängen, daß nur das Großkapital eine Industrie ermöglicht und einen Arbeiterstand überhaupt ernähren kann. Wozu es übrigens führt, wenn der Staat, dieser vielberufene Sündenbock, in Revolutionszeiten das Großkapital repräsentiren will, zeigen die 48er Nationalwerkstätten Lamartine's. Will Nordau die Industrie überhaupt antasten, — das widerspräche doch aber der „Evolution" — so mag er dem Kapital das Todesurtheil sprechen. Sonst aber werden alle Theoreme der Staatssocialisten an der Thatsache nichts ändern, daß das arbeit-

Statt also großartig von Errichtung eines „Geistesadels" zu träumen, sollte man zuvörderst dafür sorgen, daß 1) die Talentirten ausreichend unterstützt werden, und 2) die Höchstbegabten in entsprechend glänzende Lage versetzt wären. Es konnte am Ende B. Hugo gleichgültig sein, daß er nicht „due" oder „comte" angeredet wurde, wenn er neben der Anbetung Frankreichs auch noch ein paar Millionen aus dem Ertrag seiner Werke besaß.

Daß die geistig Schaffenden, deren Spitzen und Führer den eigentlichen Ruhm ihrer Nationen bilden, deren Kulturstand repräsentiren, deren geistiges Kapital bilden — daß sie meist in schlechten bürgerlichen Verhältnissen verkümmern, ist gewiß ein höhnischer Widerspruch zu unserem scheinbaren Kultus der Kultur. Auch dies aber ist keine „Lüge," sondern die wahre Wahrheit, indem die ungeheure Majorität auch der „Gebildeten" sich in Wahrheit keinen Pappenstiel um das Ideale bekümmert. Es ist ja scheinbar ein Widerspruch, daß die wahren Träger der Kultur von der Kulturmenschheit so wenig gewürdigt werden. Aber nur scheinbar, denn die „Kulturmenschheit," die „Kultur" und andere schöne Worte — das sind alles „conventionelle Lügen." Die Menschheit steht moralisch auf derselben Evolutionsstufe, wie einstmals in der Papua-Negerzeit; sie ist und bleibt „eine stumpffinnige Bestie," die wesentlich von bestialischen Instinkten gelenkt wird.

Hier ist denn auch der Ort, auf das allerhelle Kapitel Nordau's, das über die „Wirthschaftliche Lüge," einzugehn, welches selbst August Niemann in seiner Besprechung Achtung abnöthigte. Die dort aufgestellten Grundsätze sind im Wesentlichen folgende:

I. Der Gegensatz zwischen Arm und Reich sei nie so ausgeprägt gewesen wie jetzt? Das ist offenbar übertrieben. Wir haben nur über die entsetzlichen Verhältnisse des antiken Sklaventhums zu wenig detaillirte Nachrichten. — Das zur Schau tragen des Luxus verschärfe nothwendig die Unzufriedenheit und den Neid der Proletarier? Das war zu allen Zeiten das nämliche. Der Raubritter, der als hagrer Werwolf die Ueppigkeit der Renaissancestädte grimmig beneidete und sogar in Ulrich von Hutten dabei einen Vertheidiger fand, war auch ein solcher Proletar ohne alle Hoffnung auf Verbesserung seines Looses und der Zustand des eigentlichen Volkes im späteren Mittelalter ein unverhältnißmäßig schlimmerer, als heutzutage — wo doch wenigstens gewaltsame Eingriffe der machthabenden Klassen in die gewöhnlichsten Menschenrechte ganz unmöglich geworden sind.

II. Das schlimmste Loos falle den Gebildeten zu, die durch geistige Arbeit ihren Lebensunterhalt zu gewinnen haben, da sie einer tieferen Empfindung ihres Elends unterworfen seien. — Das ist vollkommen wahr. Zum mindesten aber ist ihnen die Ausbildung ihrer geistigen Arbeitskräfte nicht in der Weise vergällt, wie in früheren Zeiten, wo sich solchem materiellen Elend noch geistige Sklaverei unter das Joch von Vorurtheil und Aberglauben paarte.

III. Vermögen würde unter allen Umständen nur durch Handel, Spekulation, Großindustrie geschaffen, welche entweder groben gemeinen Betrug oder doch listige Aneignung der Frucht fremder Arbeit zur Bedingung hätten. — Das ist unleugbar richtig. Nur vergißt Nordau wieder, daß Arbeitgeber und Arbeitnehmer völlig von einander abhängen, daß nur das Großkapital eine Industrie ermöglicht und einen Arbeiterstand überhaupt ernähren kann. Wozu es übrigens führt, wenn der Staat, dieser vielberufene Sündenbock, in Revolutionszeiten das Großkapital repräsentiren will, zeigen die 48er Nationalwerkstätten Lamartine's. Will Nordau die Industrie überhaupt ausrotten, — das widerspräche doch aber der „Evolution" — so mag er dem Kapital das Todesurtheil sprechen. Sonst aber werden alle Theoreme der Staatssocialisten an der Thatsache nichts ändern, daß das arbeitvermittelnde Kapital von jeher als ein nothwendiges Entwicklungsgesetz jeder Gesellschaftsordnung auftrat.

IV. Nordau führt dann treffend Proudhon's Satz „Eigenthum ist Diebstahl" ad absurdum und weist nach, daß individueller Besitz nothwendig, daß Kommunismus ein Widersinn sei. Dagegen plaidirt er für Abschaffung aller Erbschaftsrechte. — Er übersieht nur, daß diese auf demselben Prinzip des weltbeherrschenden Egoismus basiren, wie der persönliche Erwerbs-Besitz. Der Wunsch, seinen Kindern ein Vermögen zu hinterlassen, das sie für den Kampf um's Dasein sichert, ist ein ebenso mächtiger Hebel zur Willensanstrengung der Arbeit, wie der Trieb persönlichen Besitz-Erwerbes. Außerdem widerspricht dies socialistische Prinzip doch auf's direkteste dem Darwinismus. Denn es ist nicht logisch, die Vererbung in intellektueller und physischer Hinsicht als Gesetz anzustellen und nachher die Resultate, welche diese Eigenschaften der Vorjahren als Erfolg im Leben erzielten, von der Vererbung auszuschließen. Wer die Kräfte seines Ahnen erbt, muß auch die Anwendung dieser Kräfte erben. Sonst könnte man ja auch, nach Abschaffung aller materiellen Vererbungen, dem Sohn eines berühmten und ausgezeichneten Mannes das Tragen seines Namens verbieten, da sich damit immer gewisse Vortheile günstiger Voreingenommenheit verbinden, die dem Sohn von Hinz und Kunz mangeln.

V. Einige Ausnahmen von der Regel, daß Wohlstand nur durch Ausbeutung der Nebenmenschen zu erreichen sei, constatirt Nordau folgendermaßen:

„Einzelne Schriftsteller, Maler, Aerzte, Advokaten vermögen ihre direkten Leistungen so hoch zu verwerthen, daß sie Jahreseinkünfte bis zu einer Million Mark beziehen und am Ende ihres Lebens ohne Hilfe der Spekulation, ohne illegitimen Gewinn ein Vermögen von zwanzig Millionen aufgehäuft haben können. . . . Auch ihr Reichthum hat einen parasitären

Charakter, welcher einzig und allein dem des Schriftstellers nicht anhaftet. Wenn ein solcher eine Million verdient, weil er im Stande war ein Buch zu schreiben, das in einer oder zwei Millionen Exemplaren abgesetzt wurde, so stellt diese Million einen Lohn der Geisteoarbeit dar, den die ganze Menschheit freiwillig und gern bezahlt. Wenn aber ein Maler ein Bild um eine halbe Million verkauft, ein Chirurg für eine Operation 50,000 Mark erhält, u. s. w., so drücken diese Beträge nicht einen von der Masse legitim befundenen Lohn individueller Leistungen aus, sondern sind der arithmetische Beweis der Thatsache, daß es eine Minderheit von Millionären giebt, denen, weil sie ihren Reichthum nicht mit eigener Arbeit erworben haben, jeder Maßstab für den Werth einer Leistung fehlt, die jede Laune ohne Rücksicht auf die Kosten befriedigen."

Auch diese Ausführung, so plausibel sie klingt, muß bedenken erregen. Denn jenes Bild, für das der eine Millionär so viel bezahlt, kann ein unsterbliches Meisterwerk sein. Das Buch aber, das in einer Million Exemplaren verbreitet wird, kann und wird fast immer ein seichtes oder sensationelles oder infames Machwerk sein, das auf niedrige Instinkte spekulirt, da es sonst unmöglich einen solchen Erfolg bei der Menge erzielen könnte.

Und dies leitet uns zum Thema von der „geistigen Aristokratie" zurück. Welch ein Beweis für ihre unausrottbare unabänderliche Fäulniß aller menschlichen Verhältnisse, daß selbst in den „Regionen, wo die heitern Formen wohnen," im Reiche der idealen Bestrebungen, nicht etwa die größte Leistung den größten Lohn findet, sondern daß gerade hier mehr wie irgendwo die Streberei des Ellenbogens reussirt! Allerdings, die bloße platonische Anerkennung der geistigen und idealen Arbeit wird ihr in den meisten Fällen wohl kaum versagt bleiben. Aber jener materielle Erfolg, der sich in reichlichem Geld, Titel und Orden ausdrückt, wird selbst den Bedeutendsten nur dann zu Theil, wenn sie alle jene Hebel anzusetzen verstehn, die sich wenig von denjenigen unterscheiden, welche Spekulation und Großkapital anzuwenden pflegen.

Die Thorheit, eine Umgestaltung und Neubildung des Adels auf Grund geistiger Vorzüge anzubahnen, leuchtet schon hieraus klar hervor. Denn auch hier würden kaum die besten und vornehmsten Elemente der „geistigen Aristokratie," sondern ihre energischsten und „geriebensten" Streber in die Höhe kommen. Nun, dies müßte Nordau eigentlich glorifiziren, indem der Kampf ums Dasein ja nur den Stärksten d. h. Brutalsten als lebensfähigsten erkennt, demnach das seinem Innern lebende Genie unter den erfolgreichen Reklameschreier stellen müßte. Dann soll Herr Nordau aber endlich aufhören, von Conventionellen Lügen zu fabeln. Denn dann ist auch sein ganzer Kampf ums Dasein, je freier desto schlimmer, nur eine einzige Lüge.

Ja, so ist es in der That. Denn es giebt keine Lüge und keine Wahrheit, sondern nur ein rastloses Werdendes, das zwischen Lüge und Wahrheit chamäleontisch hin- und herschillert und das weder gut noch schlecht genannt werden kann, sondern eben ist wie es ist, weil es ist.

Die Unmöglichkeit eines Geistesadels gesteht Nordau zu, wenn er beiläufig ausruft: „Man bedenke nur, was die Folge wäre, wenn Genie sich wie hoher Wuchs und Muskelkraft vererbte. Es lebte dann in einem Volke eine kleine Klasse von Shakespeares, Göthes, Schillers, Heines, Humboldts — zwischen dieser Klasse und der großen Masse bestände ein ungeheurer Abstand u. s. w. Eine höhere Intelligenz besitzt stets die niedrigere und wenn die letztere mit noch so überlegener Körperkraft gepaart wäre. Vielleicht würde eine, wenn auch wenig zahlreiche, Aristokratie von Genies auf ihr eigenes Volk so wirken, wie die Weißen auf die Austroneger."

Diese Vermuthung scheint uns wieder sehr optimistisch.

Denn um zu solchem zermalmenden Einfluß zu gelangen, müßte die „Aristokratie von Genies" eben als Aristokratie von der Menge anerkannt werden. Dies ist aber eine Unmöglichkeit, die im innersten Wesen des Genies begründet liegt, auf welches immer die Worte von Byrons „Manfred" passen:

„. . . . Schon von Kind auf
Ging mit der Menschen Seelen nicht mein Geist.
Sah mit der Menschen Blick die Erde nicht.
Ich fühlte niemals ihrer Ehrsucht Durst
Und ihres Lebens Ziel war nicht das meine.
Mich machten meine Leiden, meine Freuden,
Und meine Macht und meine Leidenschaften
Zum Fremdling. Die Gestalt zwar trug ich, doch
Gemein nichts hatt' ich mit dem irdischen Fleisch."

Und ferner:

„Wer herrschen will, muß dienen, schmeicheln, bitten,
Stets auf der Power allerlei späh'n und eine
Leb end' ge Lüge sein, wer mächtig unter
Den Niedrigen will sein. Und niedrig ist
Die Menge. Ich verschmähte selbst als Führer
Mich unter dieser Wölfe Troß zu mischen;
Der Löwe jagt allein — so thu' auch ich."

Aus allem Gesagten ergeben sich nun folgende Resultate. Die „monarchisch-aristokratische Lüge" beruht auf der Natur und dem Darwinismus, denn wenn auch das Vererbungsprinzip des Blutadels nicht mehr gilt, so gilt für den Briefadel doch noch das Urprinzip des Kampfes ums Dasein — er ist vorzüglich geeignet, um Neid zu erregen und so das Aufwärtsdrängen der unteren Schichten zu fördern. Die einfachste psychologische Beobachtung zeigt das. Man zeige einem gesunden Durchschnittsmenschen Jemanden mit der Empfehlung: „das ist ein großes Genie". Diese Thatsache an sich wird den Betreffenden völlig kühl lassen. Interesse erweckt sie ihm erst dann, wenn er etwa von den praktischen Erfolgen hört, die Jener durch sein Genie errungen. Da regt sich endlich der Neid, der aber doch mit einem geheimen unbewußten Mitleid gepaart ist: Um den Preis des „Genies," vor dessen Lebenslos jeder Verständige ein instinktives Grauen empfindet, möchte man selbst seine Erfolge kaum erringen. Hingegen zeige man einen Schurken, der vielfacher Millionär, oder einen Idioten, der „Graf" ist, so empfindet der Biedermann zunächst eine tiefe Hochachtung, sodann ein fressendes Gefühl des Neides, daß er nicht auch Millionär oder Graf sein kann. So wird er sich doppelt anstrengen, sein Vermögen zu vermehren oder durch eine staatliche Auszeichnung, Titel oder Orden, dem illustren Wesen eines Briefadligen wenigstens etwas näher zu kommen.

Das ist weise, das ist vortrefflich. Wohin würde eine intellektuelle Evolution führen, wo ein Gastwirth oder Droschkenkutscher die ideale Geistesthätigkeit beneiden würde! Die ganze Mechanik des praktischen Weltgetriebes würde stocken. Wenn der Pferdebahnconducteur in Charlottenburg den alten Mommsen zu ihm heraufklettern sieht, dann sagt er so beiläufig: „Das ist der berühmte Professor," als wenn er aufmerksam machen wollte: „Dort ist ein Gorilla zu sehn." Sowie aber ein Gardeducorpslieutnant den Wagen besteigt, athmet sein ganzes Wesen tiefe Verehrung vor diesem wirklich höherstehenden Menschenbruder. Das ist der gesunde Instinkt des Volkes, der sich durch keinerlei ideologische Phrasen über den wahren Zweck der menschlichen Evolution beirren läßt.

In einem berühmten englischen Lied heißt es:

„Das Bürschchen dort, das nennt sich Lord,
Stolziert und hiert trotz alledem.
Wohl hundert lauschen auf sein Wort,
Es ist ein Wicht trotz alledem.
Trotz alledem und alledem.
Rang, Titel, Geld und alledem.
Rang ist ein Münzgepräge nur,
Der Mann, das Gold trotz alledem."

Der Verfasser dieses Liedes war jener Bauernbarde Burns,

der unsterbliche Ruhm seines Landes, dessen Andenken alle Schotten, wo immer sie auf Erden weilen mögen, in „Burns-Vereinen" zusammenhält — der sich aber im Leben aus Noth und Gram todt soff und dem der sein gestiefelte Mob aus dem Wege ging, wenn er durch die Straße schritt. Nun, jene Marseillaise freien Menschenthums ist jetzt seit 100 Jahren in England und Schottland gesungen. Hat sich die Brust eines gebildeten freidenkenden Briten darum je weniger in Wonne gefühlt gehoben, wenn „ein Bürschchen dort, das nennt sich Lord" ihn einer Anrede würdigte?!

Nein, nein, die Burns und die Shakespeares kann die Menschheit entbehren — nicht aber Adel, Orden, Großkapital, diese wichtigsten Grundlagen der Gesellschaft, ohne die ein energischer intensiver Kampf ums Dasein nicht denkbar ist. Darum gerieth auch Napoleon als Konsul in solche Entrüstung, als man ihm die Ehrenlegion ein „monarchisches Spielzeug" nannte: „Jawohl ist's Spielzeug! Aber nur mit solchem Spielzeug lenkt man die Menschen. Gebt ihnen Brod und Kinderklappern!"

In den Straßen Berlins finden wir Statuen von ganz mittelmäßigen Staatsdienern, aber die kleinen Nationaldichter Deutschlands haben wirklich die hervorragendsten Denkmale gefunden. Wenn man die sogenannte Kulturmenschheit am Postament dieser Geistesheroen vorüberziehen sieht, deren ganzes Wirken und Sein doch ein direkter Hohn auf die gemeinen und brutalen Interessen sein sollte, so möchte man hier zuerst von einer wirklichen „conventionellen Lüge" reden. Aber es wäre doch falsch, z. B. der schwarmgeisternden Modeästhetik und der gähnenden Pseudo-Bewunderung der Masse mit Heine zuzurufen: „Was jehn Ihnen die jriemen Beeme on?!" In dieser scheinbaren Heuchelei, hinter welcher sich die unergründliche stumpfsinnigste Gleichgültigkeit gegen alles Ideale versteckt, liegt wiederum eine tiefe Wahrheit. Die Kulturmenschheit hat nämlich bewußt und unbewußt das Gefühl, daß der geliebte Realismus d. h. der flotte thierische Kampf ums Dasein ohne die Fiction des „Idealismus" gar nicht möglich wäre. Der auf die Naturwissenschaft gestützte Materialismus führt unnachsichtlich zu den Consequenzen der Socialdemokratie, ja Anarchie. Um daher dem Bild von Sais einen Schleier vorzuhängen, pflegte man von jeher das religiöse Gefühl, welches u. a. den Massen predigt, Arbeit sei die einzige Bestimmung des Menschen — auf daß die Privilegirten besser dem Müßiggang fröhnen können. Heut aber, wo die einzig gelaube-christliche Weltanschauung d. h. der weltverachtende Pessimismus in den Kreisen der Gebildeten erloschen ist, erfand man dafür den „Idealismus" d. h. das Interesse an idealen Culturerzeugnissen. Daher leben denn ganze Berufsarten von dem Abfall früherer Geistesthaten: Daher die Göthepfafferei und die lächerliche Kaste der „Kunstgelehrten" in unserer alexandrinischen Epoche. Natürlich gleichen auch diese Priester des Ideals den „Ammen Jupiters" in Voltigbrote's geistreichem Mommet: „Sie machen ein großes Geräusch, um die Stimme ihres Gottes zu übertönen." Man faselt über abstrakten Idealismus und läßt das lebendige Ideale wie von je als Aschenbrödel verhungern.

Dann schreibt mal die gekränkte Eitelkeit eines Idealisten ein Buch wie die „conventionellen Lügen" — die Welt liest es, freut sich und — bleibt beim Alten.

Psycho-Physiologie des Genies und Talents.

Obwohl wir uns oft nicht enthalten konnten, eine ironische Saite anzuschlagen, wenn Nordau seinem utopischen Drange Luft macht, so möge man ja nicht annehmen, daß wir seinem ungewöhnlichen Esprit und seiner umfassenden Verstandesbildung nicht Gerechtigkeit widerfahren lassen. So wollen wir auch nicht leugnen, daß jenes Hauptkapitel der „Paradoxe," das alle Kategorien des Genies umstößt und durch seine Kühnheit fast verblüffend wirkt, uns ungemein gefesselt hat. Dennoch sehen wir uns genöthigt, ihm in jedem Punkte zu widersprechen.

Was ist Talent, was Genie? Den Unterschied beider Gattungen bezeichnet Nordau — ob zutreffend, sei später erörtert — als nicht quantitiv, sondern qualitiv. Das Genie scheint ihm nicht in's Grandiose gesteigertes Talent, sondern ein Ding für sich. Nordau schließt daran eine Apotheose des Genies, die selbst Carlyle's „Heroenverehrung" in den Schatten stellt. Jener nämlich faßt die Weltgeschichte einfach als die Geschichte der großen Männer auf und erklärt als höchst praktische Weisheit die Erkenntniß und Anerkennung eines solchen großen „Helden" und Unterordnung unter ihn. Nordau aber stellt geradezu den Satz auf:

„Der Durchschnittsmensch, auch das Talent, sieht die Welt gar nicht, sondern nur ihr Abbild in den Augen des Genies. ... Die Erscheinung der Welt bildet einen Rohstoff, mit dem der Mensch nichts anfangen, aus dem nur das Genie etwas formen kann, das dann auch jener zu verstehen im Stande ist u. s. w."

Das ist doch ein wenig kühn; es ist auch absolut nicht wahr. Die Reformation lag an sich vorbereitet in jedem Gemüth der Zeit und zahllose Talente haben genau mit derselben Erkenntniß, oft einer noch klareren, ihre Ideen gefühlt und verfochten wie das Genie Luther. Auch kann uns Niemand nachweisen, ob Hutten und Thomas Münzer nicht die eigentlichen Hauptgenies der Epoche waren. Sie gingen aber eben unter, weil sie ihrer Zeit zuweit vorauseilten. Daß also nur Luther siegreich sich durchfocht, dies Verdienst war doch allein dem Schicksal oder Weltgeist oder dem Gott der Weltgeschichte zuzuschreiben, denn an individueller Willenskraft war Luther den beiden Andern sicher nicht überlegen. Jedenfalls wäre es doch eine grobe Uebertreibung zu erklären, der Gedanke der Reformation sei überhaupt erst durch Luther in die Erscheinung getreten und dem Volke zum Bewußtsein gekommen.

Aehnliches gilt von der französischen Revolution und der Gestalt Napoleons. Der demokratische Cäsarismus und die französische Welthegemonie lagen ebenso vorbereitet da, wie die Militairdiktatur an sich, welche Bonaparte nur als der Mühtige rechtzeitig ergriff, während Pompejus-Moreau u. s. w. mit dem Zugreifen zögerten. Die Zersetzung des europäischen legitimen Staatensystems hatte bereits durch die Heere der Republik begonnen. Ebenso ist der Code Civile doch wahrhaftig nicht erst durch Napoleon der Welt bekannt worden.

Ergo, das Genie faßt alle Errungenschaften seiner Epoche zusammen, aber es ist völlig wie jeder andere Mensch von den Strömungen derselben abhängig.

Hat etwa Göthe die deutsche Nationalliteratur so aus dem Aermel geschüttelt? Lagen etwa „Werther" und „Götz" und seine Lyrik nicht einfach sozusagen „in der Luft"? Nein, das Genie hat nur höhere Organe der Sehkraft, aber darum braucht man die Durchschnittsmenschen nicht gleich blind zu nennen: sehen kann jeder. Eine solche anthropomorphische Vergötterung des Genies sollte man wahrhaftig einem Darwinisten nicht zutrauen, dessen ganzes System doch auf der innigen Verkettung der Lebewesen höherer und niederer Stufe beruht. Aber so schwanken diese Prinzipienreiter ewig hin und her.

Nordau hat ein überraschend geistreiches Bild aus der Thierwelt für seine Auffassung gewählt, indem er das Thierleben darstellt, welches auf den ganz nackten St. Paulofelsen mitten im Atlantischen Ozean dadurch entstehen kann, daß ein Vogel dort einnistet, dessen Anwesenheit sofort den Ort zu einer Nährstätte für eine lange Reihe von Geschöpfen macht. Er vergleicht diesen Vorgang mit dem Entstehen der Literatur in einem Volke. Die Fliegen, Spinnen, Mistkäfer und Mikroben sind die Nachahmer, die ästhetischen Schulen, die Kritiker, die Literarhistoriker — die Zunft von Professoren, „die davon leben, daß sie jahraus jahrein tiefsinnige Nebenarten darüber machen." Und diese ganze Horde nimmt ihre Daseinsberechtigung „ganz allein von den Schöpfungen irgend eines naiven Genies, das weder Gelehrter noch Professor war und sein Meisterwerk hervorbrachte, wie der Apfelbaum Aepfel trägt, weil es eben organisch in ihm lag, sie hervorzubringen, und all die andern Leutchen, die noch ihm kamen, würden, der nackten Natur gegenüber gestellt, nicht einmal Mäh zu sagen gewußt haben, ja sie wären gar nicht erschienen, ebenso wenig wie die kleine Thierwelt auf den St. Paulofelsen ohne den Vogel, der ihr Dasein ermöglicht."

Das klingt nun sehr hübsch und ist auch zu sich betrachtet vollkommen wahr. Aber logischer Weise wird man nun fragen müssen: Ja, wo kam denn der Vogel selber her? Aus den Wolken ist er doch nicht gefallen. Unter welchen Daseinsbedingungen entstand er?

Nordau bestreitet an einer andern Stelle dem Genie die Berechtigung, über Undankbarkeit zu klagen. Denn es selbst verdanke ja Alles seinen geistigen Ahnen, von deren Blut es zehre. Es gleiche also keineswegs dem Vogel, der aus freier Hand den St. Paulofelsen belebt! Aber wie es geistige Ahnen hat, so auch physische. Es ist thöricht, wenn Nordau behauptet, das Genie trete in einer Familie unvermittelt auf. Wenn wir die Familienverhältnisse der Genies bis in hohe Generationen hinauf verfolgen könnten — wie leicht würde das Prinzip des Atavismus uns die Eigenart einer genialen Natur erklären! So ist Schade, daß in den Herrscherhäusern fast nie geniale Naturen zu finden sind. Bei den Hohenzollern erkennen wir aber die Genealogie Lord Byrons genau bekannt, weil dies Genie zufällig der hohen Aristokratie angehörte. Aus derselben können wir nur genau entnehmen, warum der Letzte seines Stammes ein Genie und speziell der Weltdichter des Weltschmerzes sein mußte. Das geht alles äußerst natürlich zu, was Nordau um so weniger bezweifeln kann, als er selbst die natürliche Zusammensetzung eines genialen Gehirns auf's geistreichste analysirt hat. Außerdem hängt aber das Genie und die individuelle Richtung desselben mit Erziehung und Zeitatmosphäre wesentlich zusammen. Aus dem Allen leuchtet hervor, daß eine solche unnatürliche Aufbauschung des Genies, als eines ganz außer und über der Durchschnittsmenge stehenden Unikums, der Natur widerspricht.

Die götterlose Menschheitsvergötterung des Darwinismus geht also in sclavische Genie-Vergötterung über. Sie ist also in ihren Konsequenzen alles eher wie demokratisch oder mechanisch, vielmehr aristokratisch und ideologisch. In ihrer Verachtung der „Menge,“ die doch laut der vielgerühmten Evolution sich allmählich in geistige Höhe emporarbeiten soll, können der Arzt Nordau und Lord Byron, dem er „Psychose“ vorwirft, sich verständnißvoll die Hände drücken. —

Daß allein die Centren des Denkens und Urtheilens den Menschen über das Thier erheben; ist ein selbstverständlicher truism. Ebenso daß die Kogitation, das Denken, hoch über der Emotion, dem Fühlen, steht. Die Durchschnittsmenschen haben nur automatische Emotionen, keine Gedanken. Ganz gewiß. Gleichwohl ist es doch übertrieben, wenn Nordau ausdrücklich erklärt: „Weitaus die meisten Menschen haben während ihres ganzen Lebens nie einen klaren Gedanken im Bewußtsein.“ Dann könnten ja die Gedanken des Genies oder auch bloß die klare Logik der Thatsachen nicht von Durchschnittsmenschen begriffen und somit denkend reproducirt werden — und wäre dies in der That nicht der Fall, so würden sich ja die Gedanken des Genies nie in der Masse Bahn brechen können.

In Bezug auf das Talent, dem er jede anatomische Grundlage abstreitet, entschließt sich Nordau zu dem denkwürdigen Dictum: „Es giebt überhaupt kein Talent!!“ Diese überraschende Entdeckung wird von ihm mit kühler Sicherheit beleuchtet. Jedes Durchschnittskind könne Alles werden was es wolle, wenn man es vernünftig, lange und strenge dazu drille. So könne man „bei richtiger Treinirung (!) ganze Armeen von Künstlern, Schriftstellern, Rednern, Gelehrten heranbilden, ohne vorhergehende Auswahl, nach Loos oder Laune, wie man Rekruten ins Heer einstellt, und jeder Mann dieser Armeen müßte durchaus als ein Talent anerkannt werden."

Das ist denn doch zu arg! Doch hören wir Nordau erst zu Ende: „Allerdings werden diese Armeen von Gelehrten, Rednern, Dichtern, Malern nie etwas Neues schaffen; aber das, was man vor ihnen gethan hat, werden sie ganz geschickt, ganz leicht, ganz tadellos nachthun und wer das kann, den nennt man ja ein Talent." So?!

Was Nordau freilich über die „sogenannten ausgesprochenen Neigungen zu einem bestimmten Berufe" sagt, unterschreiben wir. Gewiß haben äußerliche Umstände dazu beigetragen, will der Sohn eines Malers Maler, eines Offiziers Offizier werden. Nun aber kommt folgende Berleßerilheit: „Wenn ein Junge dem Gymnasium oder Komptoir entläuft und Künstler oder Soldat wird, handelte er nicht aus unwiderstehlichem Drang zum Künstler- oder Soldatenberuf, sondern aus der Angst vor der Mathematik oder vor der strengen Zucht des Geschäftshauses und in der unbestimmten Vorstellung, daß die andere Laufbahn leichter und angenehmer sein werde als die ursprünglich eingeschlagene." Sehr gern zugestanden! Nun, was folgt denn daraus, statt Nordaus Trugschluß? Es kann unter den Davongelaufenen (wie oft der Fall war) ein wirkliches Talent sich befinden, oder auch nicht. Wer hat denn aber je aus dem Davonlaufen auf das Talent schließen wollen?!

Grade daß der sogenannte „unwiderstehliche Berufstrieb" so oft ein unheilvoller Irrthum ist, beweist ja, wie unhaltbar und plump Nordau's Auffassung des Talents. Denn wo Lust und Liebe vorhanden, wird ja auch Eifer vorhanden sein und es wäre somit vollkommen unverständlich, daß man Leute sich viele Jahre lang verzweifelt quälen sieht, um auch nur die alleruntersie Stufe der Kunst zu erklimmen, bis sie nach ohnmächtiger Anstrengung ablassen und sich einem bürgerlichen Berufe

zuwenden. Man würde ferner nicht Künstler sehn, die ihr Lebenlang trotz redlichsten Bemühens so Ungenügendes leisten wie im ersten Anfang ihrer Laufbahn. Uns fällt das Beispiel berühmter Kritiker und Journalisten ein, die sich ihrer Jugend hindurch mit wahrer Wuth an die Kunst klammerten und endlich mürrisch zur Zeitungsfeder griffen — um in diesem neuen Berufe sofort ohne jede Vorarbeit und Uebung die glänzendsten Erfolge zu feiern. Umgekehrt sind – wie oft! — künstlerische Naturen durch widrige Verhältnisse in praktische Thätigkeiten gedrängt worden, wo sie mit bravem Bestreben für Weib und Kind dennoch nur Mittelmäßiges leisteten, um endlich, ihre Ketten brechend, ihren eigentlichen ursprünglichen Beruf mit verzweifelter Energie zu ergreifen und darin entweder wenigstens innere Befriedigung zu finden oder sofort vermöge ihres Talents, falls sie wirklich talentvoll waren, Vorzügliches zu leisten. Grade das Talent ist ein Beweis für die freie Selbstbestimmungsfähigkeit des Menschen; nicht das Genie — denn das handelt aus organischem Zwange. Wie man Nordaus Theorie auch drehen und wenden mag, überall bleibt sie absurd. So scheint sich Nordau nicht einmal über die Geltung des Wortes „Talent" klar zu sein. Unter 5000 Malern sind nicht 20, die man als „große Talente," und nicht 50, die man als „Talente" allgemein bezeichnet. Der wohlwollende Ausdruck aus Kennermund „Er hat Talent" ist für den Hochbegabten eine Beleidigung, für den Durchschnittsbegabten bereits der höchste Gipfel des Ehrgeizes.

Ehe wir zur Definition des Wortes „Genie" übergehen, müssen wir daher bei den erwähnten Hauptirrthum oberflächlicher Analyse bei Nordau konstatiren, der wie gewöhnlich sich auch hier kraß widerspricht.

Was Nordau „Talent" nennt, die nette geleckte Nachahmung des Conventionellen, hat noch kein Mensch für „Talent" erklärt. Gewiß, die Mütter versichern auch, ihre Töchter malten oder musizirten „so talentvoll"; was man aber an Dilettanten „talentvoll" schimpft, heißt nicht so vor dem Forum der großen Kunstwelt. Es fällt andererseits auch Niemanden ein, einen Künstler gleich ohne Weiteres zum „Genie" zu ernennen, weil z. B. er irgend eine neue Branche, Specialität oder Technik schuf. Die Gründer der modernen Genre- und Schlachtenmalerei nennt man, falls sie wirklich Hervorragendes leisten, „große Talente." Aber noch Niemand hat je Meissonier oder de Neuville, die gewaltigsten Meister der Technik und der realistischen Charakteristik, darum zum „Genie" ernannt. Weit eher könnte man — wir werden später sehen warum - Delaroche mit seinen Historienbildern genial nennen, obwohl er in der Technik, diesem einzig für das wirkliche Talent Erlernbaren (Vieles kann auch das größte Talent nicht der größte Fleiß nichterlernen), hinter den oben genannten zurücksteht. Auch das fällt aber Niemandem ein. Um unserm Ziel noch näher zu kommen, die Farbenposchen von Böcklin oder die Compositionen von Feuerbach wird man füglich als „genial" bezeichnen können, trotzdem sie grobe Fehler und einseitige Begabung zeigen. Aber auch auf diese Männer paßt keineswegs das Substantivum „Genie," sondern man nennt sie bezeichnend mit dem bloßen Adjectivum „genial." Selbst bei den riesenhaften Schöpfungen des Cornelius, dieses Crabbe der Malerei, redet man nur von „einem Strahl des Genies" — um aber ein veritables „Genie" zu sein, hätte Cornelius seiner genialischen Phantasie geniales Können paaren müssen. Endlich, selbst bei Tizian, Rubens, Murillo, diesen wahrhaft großen Künstlern, wird man den Begriff „Genie" sorgsam zurückhalten und diesen allein auf jene Reihen anwenden, wo alle an den Begriff „Genie" zu stellende Anforderungen zusammenstoßen: Rafael und Michel Angelo.

Wie kann man da mit dem Begriffen „Talent" und „Genie" überhaupt allein auskommen! Göthe ist das Ur- und Universalgenie, Heine in Diminutiv-Maßstab kann füglich auch noch so genannt werden. Aber selbst Schiller, Kleist, Grabbe, Lenau erfüllen diese Bedingungen nicht mehr. Wer wird Lessing heutzutage noch schlankweg ein „Genie" nennen! Aber es wäre doch eine Absurdität, wenn man für einen Kleist den Begriff des nach Nordau erlernbaren Talents so gut festhalten wollte, wie etwa für Otto Franz Gensichen oder Julius Stinde oder G. v. Moser, die doch unleugbar „Talente" sein müssen, um so viel „Erfolge" zu erzielen! Sind Grillparzer oder Hebbel oder Fritz Reuter oder Scheffel „Genies"? Gewiß nicht. Und doch wäre es eine Beleidigung dieser Meistergrößen, sie unter die Heerde der bloßen Talente einsperchen zu wollen.

Mit andern Worten, zwischen „Genie" und „Talent" giebt es denn doch noch viele Abstufungen, die der Analyse Nordau's völlig entgangen sind.

Zu der Definition des Genie's übergehend, glauben wir schon die Basis der Nordau'schen Ausführungen anfechten zu müssen.

Er erkennt als die wichtigsten Functionen eines genialen Gehirns die des Willencentrums und des Urtheilcentrums d. h. Verstandes. Aus der Verbindung beider gehe die höchste Kategorie der Genies hervor, nämlich die Männer der That wie Napoleon, Cromwell, Muhamed, Columbus. Nun, diese Sorte von Genies ist gar nicht denkbar ohne besondere Entwickelung einer dritten Function des Gehirns, der Einbildungskraft.

Mit der Urtheilskraft (Verstand) wirkt Nordau dieselbe doch wohl kaum zusammen, um so mehr er, wie wir später sehen werden, alle Schöpfungen der Phantasie mißgünstig betrachtet. Er verkennt aber, daß zu Napoleon's Riesenplänen nur jene ausschweifende an Wahnsinn grenzende Phantasie anfeuern konnte, welche vor der kleinen Bresche des kleinen

21. Jean d'Acre von Eroberung Konstantinopels und Einmarsch in Indien schwärmte. Ja, ohne seine riesenhafte Phantasie (Bonaparte war bekanntlich zwei Jahre lang Dichter und Schriftsteller) wäre er nicht bis Moskau gekommen, trotz alles Willens- und Urtheilsgenies; er hätte freilich dann auch den Zug nach Rußland und all seine Thorheiten nicht begangen; er hätte nicht nach dem ersten kleinen Siege 1814 fansaronnirt: „Ich bin näher an München, als die Verbündeten an Paris" — aber er wäre dann eben überhaupt nicht ein Genie solchen Kalibers gewesen. Denn ohne Einbildungskraft ist gar kein Genie denkbar. Nicht nur ein Cromwell wurde von seiner Phantasie beherrscht, — wie viel mehr ein Mohamed und Columbus, der eine ganze neue Welt als Traumbild vor sich aufsteigen sah und dann vermittelst seiner Urtheilskraft dies Bild so lange construirte, bis er vermittelst seiner Willenskraft es greifbar in die Wirklichkeit hineinzwang!

Das eigentlich Unterscheidende bleibt immer die Einbildungskraft. Denn mit dem Willen kann man nur ein Mann der That für subalterne Stellen, ein Vollziehender für die Befehle fremder Gedanken werden. Mit dem Urtheil allein kann man ein sogenannter Denker werden, dessen Streben stets unfruchtbar abstrakt bleiben wird. Denn zu der schöpferischen Denkthätigkeit der Astronomie, höhern Mathematik eines Kant, Keppler, Gauß, gehört ebenfalls eine eigenartig beflügelte Einbildungskraft, welche den Geist vom Stofflichen abzieht und ihn in's Transcendental-Metaphysische erhebt. Auch bei dem Erfinder und Experimentator ist Einbildungskraft in erster Linie erforderlich, um jene Vorstellungen zu ersinnen, welche das Urtheilsgenie später zu sinnlich wahrnehmbaren Erscheinungen ausarbeiten soll.

Die schärfste Entwicklung der Willenskraft allein und der Urtheilskraft allein wird man nimmermehr als Genie bezeichnen, ja nicht einmal ihre Vereinigung. Denn dann würde man einen Scipio, Lysander, Wellington, Franklin, Washington u. s. w. als „Genies" bezeichnen müssen. Wenn also Niemand auf diesen Gedanken kommt, so muß offenbar ein geheimnißvolles Drittes fehlen, das vom Genie untrennbar ist. Daß dieses aber gerade die Einbildungskraft sei, geht aus Nordau's eigenen unvorsichtigen Prämissen hervor. Als die eigentlichen Typen von Genie nennt er Alexander, Mohamed, Napoleon.

Nun höre man folgende unglaubliche Paradoxen:

„Die Organisation eines solchen Genies bringt es mit sich, daß es mehr oder weniger, in äußersten Fällen vollkommen, dessen entbehrt, was man Gefühl und künstlerischen Sinn, Schönheits- und Liebesbedürfniß nennt"!!

Also Alexander, der sozusagen auf den Homer Gastrollen gab; Napoleon, der den Ossian und Werther in der Tasche trug, vor der Schlacht bei Austerlitz sich über die Schicksalstragödie Corneille's unterhielt und während der Schlacht bei Borodino die Statuten des Theater Français reformirte; Cromwell, der die Handzeichnungen Rafaels mit großen Kosten erwarb und seine Phantasie an der Poesie des alten Testaments bis zur Verzückung berauschte; der Wüstendichter des Moran, der ewig in den Hallucinationen seiner zügellosen Einbildungskraft schwelgte — also sie „entbehrten vollkommen den künstlerischen Sinn und das Schönheitsbedürfniß!!"

Einen wahren Purzelbaum schlägt dieser wüthende Widerspruchsgeist in folgender weiterer Ausführung:

„Von hinfällig, halb- oder unbewußten Regungen ist das Genie ganz frei." Aha, also waren die von ihm selber angezogenen Mohamed und Cromwell unter allen Umständen keine Genies? „Es ist in keiner Weise sentimental. Es macht deshalb den Eindruck der Härte und Kälte. Diese Worte besagen, daß es rein cogitationell, nie emotionell ist."

Wahrhaftig? Alexander, jeder Emotion bis zur Tobsucht als Spielball dienend; Napoleon, der bei jeder Erregung Thränen vergoß, ultrasentimental als Liebhaber und Gatte, gefühlvoll als Sohn, Bruder und Vater, der speziell in der Liebe die tollsten Streiche machte und die Schlacht bei Eylau wegen seiner polnischen Gräfin verlor; Mohamed, dieser sinnlichsentimentale Frauenverehrer, der seine Haremsleidenschaften in seine Bibel brachte und seine Koptische Maria verewigte wie Göthe sein Gretchen; Cromwell, dieser emotionelle Grübler — sie alle hatten kein „Liebesbedürfniß," kein „Gefühl," waren ohne alle emotionelle Erregung!!

Wir stehen rathlos vor diesem Mangel jeglicher Logik, da wir doch nicht annehmen können, der geistreiche und gelehrte Nordau habe über seinen naturwissenschaftlichen Studien seine historischen so gänzlich vernachlässigt.

Auch unter den andern Kategorien, die er anerkennt — den Urtheilsgenies mit mäßiger Willenskraft (Erfinder) und denen ohne Willenskraft (Denker) — wird er genug Männer finden, die eminent emotionell beanlagt waren. Wir erinnern u. A. an Keppler, Newton, Herschel.

Die Hirngespinnste Nordau's haben freilich einen sehr bestimmten Zweck. Sie sollen ihn unterstützen, wenn er im Widerspruch mit der Auffassung aller Zeiten den Dichtern und Künstlern das Genie abspricht.

Seine geistreichen Erörterungen, warum Virtuosen, Schauspieler u. s. w. nie Genies sein könnten, sollte er sich doch sparen. Welcher ernsthafte Mensch hat je Reproduzirende Genies genannt? Ebensowenig hat man das „Farbengenie" eines Makart je mit der höheren Bedeutung des Wortes Genie verwechselt. Wenn Nordau aber sagt, ebensogut könne man einen Krogen- oder Ailsolaubenvogel ein Genie nennen, so ist dies einfacher Unsinn. Der Vogel folgt instinktiv der in ihn hineingelegten Bestimmung der Natur und zwar rein automatisch. Um aber eine solche Technik des Kolorits zu erreichen, dazu gehört ein Willenscentrum; um die Kunst selbst nur im Sinne Makarts zu erfassen, dazu gehört ein Urtheilscentrum, das denn doch sehr bedeutend über die große Masse der Durchschnittsmenschen hinwegragt.

Wir haben schon früher ausgeführt, daß wir einen Tizian, den größten Koloristen, auch noch nicht ein Genie nennen können. Dieser demüthigt Makart durch vornehmeren „Ton" und gesündere Kraft der Farbe; er zerschmettert jenen vollends, indem er damit hohe Trefflichkeit der Zeichnung und Komposition — die dem Makart'schen Farbentalent ganz abgeht — und damit wieder hohen Ernst der Idee verbindet. Tizian selbst aber erscheint wiederum gering neben den zwei größten Kunst-Dioskuren, und zwar aus folgenden Gründen.

Erstens tritt nur in seiner „Grablegung" und „Himmelfahrt Mariä" das wirklich Erhabene in reiner Schönheit hervor. Zweitens halten diese seine Gipfelpunkte dennoch keinen Vergleich mit denen Rafaels und Michel Angelos aus. Wenn wir den Ehrennamen „Genie" schon vorher vergeudeten, welchen sollte man denn für diese Spitzen erfinden? Der beste wäre noch „Total-Genie," wie man ja den Ausdruck „Weltdichter" gefunden hat. Das Genie nämlich unterscheidet sich eigentlich nur von den größeren oder kleineren Talenten durch die Masse und die Fülle des Gebotenen. Es produzirt ungewöhnlich viel und ungewöhnlich gut, während Andere höchstens viel und gut produziren. Es umfaßt das ganze Universum der Vorstellungen und schöpft aus diesem unversieglichen Born der Natur unaufhörlich Perlen, während die Wünschelruthe geringerer Talente nur einzelne Quellen entdeckt. Der Unterschied zwischen Genie und Talent ist also doch weniger qualitativ, als quantitativ. Einen andern können wir zwischen Göthe und einem Dichter von Gottes Gnaden wie Scheffel kaum entdecken. Scheffel lieferte schöne

Werke, Göthe noch viel schönere; Scheffel schrieb einen bedeutenden Roman und ein mittelmäßiges kleines Epos, Göthe schrieb drei viel bedeutendere Romane und ein meisterhaftes Epos. Hier hört nun Scheffels Wirken auf, Göthe aber speicherte außerdem eine unermeßliche Fülle von Geist zusammen, von welcher die Jahrhunderte zehren können, und erhob sich endlich im „Faust" zur größten Geistesthat deutscher Nation. In der Masse des Bedeutenden liegt der Unterschied. Mit seiner Definition, Genie schaffe absolut Neues, wird Nordau hier auch nicht durchkommen. Denn Scheffel, der in mittelalterlichen Formen webt, ist hierin von Göthe nicht unterschieden, der sich im „Werther" an die „Neue Heloise," im „Götz" an Shakespeare, in der Lyrik an das Volkslied mit directer Nachahmung anschloß. Nordaus Behauptung, das Genie erscheine plötzlich und unvermittelt, widerlegt sich aus der ganzen Literatur- und Kunstgeschichte. Carlyle drückt dies so aus: „Das Erscheinen eines großen Dichters zeigt an, daß eine Epoche ihren Abschluß gefunden hat." Das Genie ist immer nur das Hauptglied einer Entwickelungskette. Die übrigen Talente hatten offenbar geringere Willenskraft, auch nicht ganz so hervorragende Urtheilscentren; daraus resultirt ihre mangelhaftere Entwickelung. Wo ist ein Ueberragen seines Meisters Perugino in Rafael's ersten Gemälden ersichtlich? Das Genie ist wie ein Wunderkind – siehe die oft kläglichen, stets winzigen Anfänge aller großen Dichter, während minder begabte viel früher reif und fertig werden. Nicht in der ursprünglichen Organisation des Gehirns ist das Genie allen Talenten überlegen, sondern in der eminenten Fortentwickelungsfähigkeit, wodurch es allerdings den glänzendsten menschlichen Zeugen der Evolutionstheorie abgibt. Das Genie bleibt niemals stehn, es steigt bis zu seiner Verklärung — speziell bei Rafael bis zu dem Requiem-Werk desselben, seinem herrlichsten Bild, der „Verklärung."

Bei seiner Analyse des malerischen Genies (oder, nach Nordau's Auffassung: Pseudogenies) wählt unser feiner Kenner die sixtinische Madonna und findet hier die äußerst charakteristische Erklärung für den Eindruck dieses Werkes, daß es die Geschlechtscentren errege, indem es das schöne und reine Weibliche darstelle.!

Nun versteht bekanntlich der große Haufe, bei dem die Geschlechtscentren doch besonders stark entwickelt sind, die Sixtina etwa so, wie die pflichtschuldigen Bewunderer in „Des Kaisers neue Kleider" — um nicht als blind zu gelten. Sinnlich gereizt hat diese Madonna wohl ohnehin noch Niemanden. Die Verstehenden aber bewundern weniger die mütterliche Jungfrau, als das Kind mit den welterlösenden Gottesaugen, den Weltrichter und Zeus in Gestalt unschuldsvoller Schwäche und überhaupt die erhabene Idee des Ganzen, zu welcher der violette kalte Ton des Kolorits absichtlich gewählt ist, um alles Sinnliche zurücktreten zu lassen. Ähnlich steht es mit der „Verklärung" und den Schöpfungsfresken Michel Angelo's. Diese Werke, mit denen die transcendentalen Dichtungen von Göthe, Byron, Shelley, Milton, Dante correspondiren, erregen zwar anfangs mächtig die Emotionen; dann aber wirken sie rein cogitationell, indem sie eine unabsehbare Gedankenreihe eröffnen. Wir müssen also Nordau gänzlich widersprechen, wenn er das künstlerische Genie darum unter das philosophische Genie stellt, ja es überhaupt negirt, weil es sich nur an die Emotionen wende.

Wir wollen ihm aber insofern entgegenkommen, daß wir zugeben: dasjenige Kunstwerk, das nur emotionell wirkt (wie die ungeheure Mehrzahl musikalischer und bildnerischer Produktionen), verräth kein Genie im eigentlichen Sinne. Es ist ja kein Zufall, sondern natürlich, daß grade einzig die Werke der zwei wirklichen Kunstgenies, (nach ihnen auch noch die des Leonardo) des eigentlich sinnlichen Elements entbehren, in welchem doch noch ein Rubens klaftertief verfunken liegt. Ueberwinden der Materie durch das rein Geistige ist unter allen Umständen das Merkmal des Genies. Aus diesem Grunde kann auch nur die Poesie hohen Stils — eine keusche Poesie, welche die Materie verächtlich niedertritt — als Erzeugniß des Genies angesehen werden. Der „Realismus" und „Materialismus," dieses Afyl der Mittelmäßigkeit, wird daher erst dann seiner hohen Aufgabe gerecht, sobald wie in Zola's „Germinal" das Cogitationelle, die Idee, dabei in die Erscheinung tritt. Aus diesem Grunde ist auch das bekannte Feldgeschrei „l'art pour l'art" ein Unding, und die Form etwas Sekundäres. Bei Licht besehn ist freilich die Form nur der zugewachsene Leib des Gedankens, und wo große Gedanken erwachen, findet sich auch dafür die große Form.

Nordau hat in seiner unendlichen Güte und Barmherzigkeit zugestanden, daß die Dichter unter den „emotionellen Pseudo-Genies" noch am meisten sich an die reinen Denker anschließen. Wir wollen ihm auch gern zugeben, daß die Lyrik — er meint die sogenannte gesangliche Lyrik, die eigentlich der Musik näher steht als der wahren Dichtung — rein auf Emotionen beruht und des Urtheilsgenies entbehren kann. Dagegen halten wir es für angebracht, das poetische Temperament ein wenig zu beleuchten, um anzudeuten, wie wenig dasselbe mit den gewöhnlichen Emotionen zu thun hat und wie wenig automatisch es arbeitet.

Es liegt etwas in dem poetischen Temperament, das für den damit Behafteten wahres Glücksgefühl ausschließt. Denn da hier die Einbildungskraft wärmer ist als das Herz, hat das letztere nicht die Macht, das erstere zu überwachen. Sobald daher die Leidenschaften befriedigt sind, fliegt die Phantasie wieder davon, und da sie wie von der Wirklichkeit wirklich befriedigt wird, überläßt sie sich sofort ihren Träumen und bildet so kalte Fühllosigkeit gegen die Forderungen des gewöhnlichen menschlichen Gemüthes in sich aus. Es ist, als ob die Geschöpfe einer anderen Sphäre, nicht unterthan dem Loose der Sterblichkeit, eine flüchtige und trügerische Verbindung (wie alle unebenbürtigen Verbindungen es sind) mit Geschöpfen dieser Erde eingingen und, plötzlich ihren Geist lichteren Regionen zuwendend, die Partner ihrer irdischen Existenz zu einsamen Leiden zurückließen. Das poetische Genie ist selten mit einem warmen Gemüthe verbunden.

Es ist daher ein völliges Verkennen seiner Elemente, wenn man es mit den gewöhnlichen „Emotionen" der Menschen in Verbindung setzt. Wäre das poetische Genie von „Emotionen" abhängig, so würde es Gesellschaft suchen. Statt dessen vertragen sich bekanntermaßen Genie und „Gesellschaft" sehr selten. Es ist die Einsamkeit, wo der Tiefempfindende die seiner würdige Gesellschaft sucht.

Es wird wohl Niemand aufrichtig wünschen, Genie zu besitzen, der sich aus dem Leben solcher bevorzugten Wesen über das Elend klar geworden ist, welches das damit verbundene Temperament steter Reizbarkeit herbeiführt, zugleich Gesundheit und Glück zerstörend. Und was sind seine Vortheile? Beneidet, gehaßt und verfolgt zu werden. Genie darf auf keine Gnade hoffen. Wird es wirklich anerkannt, so rächt sich die Welt, indem sie den Besitzer des Genies zu sich herabzieht, all seine persönlichen Fehler in eine grelle Beleuchtung rückend, während die viel gröberen Fehler jedes mittelmäßigen Individuums unbeachtet bleiben. Statt mit Nachsicht wird das Genie mit herber Strenge beurtheilt. Wer kann die Augen zum Himmel richten, ohne oft zu strancheln? Kein Wunder also, daß geniale Menschen, durch ihre Gedanken über die rein physische Existenz ihrer Mitgeschöpfe erhoben, mit ihrer reizbaren Sensitivität überall in die Schlingen des Alltaglebens fallen. Die Imagination, welche allein das künstlerische Genie bedingt, ist nicht oft mit gleicher Kraft des

Verstandes begabt, so daß man selten Superiorität in einem Punkte besitzt, außer auf Kosten des andern. Luther sagte daher mit Recht, der menschliche Geist gleiche einem betrunkenen Reiter: stütze ihn auf der einen Seite und er fällt auf der andern herunter.

Da nun aber die poetische Fähigkeit ein ganz apartes Element bedeutet, das sich wohl auf die Emotionen stützt, um sich so in Kontakt mit den Emotionen der Menschen zu setzen, keineswegs aber auf denselben begründet liegt, weil der Dichter und Künstler rein aus seinem Gehirn eine Welt für sich erbauen kann — da die Phantasie also jenem Archimedespunkte gleicht, von dem aus man die Welt bestimmen kann, ohne im geringsten von den „Emotionen" d. h. Gefühlen und Leidenschaften des persönlichen menschlichen Lebens abhängig zu sein — da ferner die Genies des Verstandes umgekehrt wieder das Genie der Phantasie entbehren (und zwar in weit höherem Grade, als z. B. ein Shakespeare und Göthe einer genialen Verstandeskraft entbehrten), so folgt daraus die Hinfälligkeit aller Nordau'schen Hypothesen. Das „emotionelle Genie" ist eine Phrase und weiter nichts. Denn Urtheil und Einbildungskraft sind zwei ebenbürtige Funktionen, der Wille in Verhältniß dazu untergeordnet. Denn ein mächtiger Wille allein ist kein Genie, Urtheil ohne Einbildungskraft ist unfruchtbar. Hingegen — wie wir früher auszuführen zu müssen glaubten, daß die Einbildungskraft das eigentlich bestimmende Merkmal des Genies sei, — so muß man auch eingestehen, daß eine Art von Genie bei mangelhaftem Urtheil und Willen bloß durch mächtige Einbildungskraft erzeugt werden kann. Das sind dann die problematischen „halben" Naturen, die in irgend einem Moment vorübergehend wohl merkwürdige und ungewöhnliche Handlungen oder Gedanken zu bilden vermögen, aber denen die Willens- und Urtheilskraft fehlt, um ihre Einbildungskraft in die Realität zu übertragen.

Ja, Realität — was ist das aber? Hält Nordau den Homer und das Nibelungenlied weniger für eine Realität, wie die Dampfmaschine und den Phonographen? Bei solcher Anschauung wären wir der wahren Barbarei näher, als die naive Urzeit des Homer. Achill und Siegfried, Penelope und Krimhild, werden ewige unveränderliche Realitäten bleiben, wie die Natur selbst, wenn alle Entdeckungen der Naturwissenschaft von andern überholt und veraltet sind.

Glaubt Nordau wirklich, daß zur Schöpfung des „Faust" ein geringeres Urtheilsgenie gehöre, als zur Erfindung des Schießpulvers?! Im Gegentheil, den Entwickelungsschmerz eines ganzen Lebens zu einer Entwickelungsgeschichte der Menschheit in ewig gültiger Form zu erheben sein anderes technisches Hülfsmittel bedürfend als das Wort — das erfordert eine Verbindung von Urtheils- und Willensgenie, das alle automatischen Emotionen lange hinter sich ließ und abstreifte. Wenn die Apotheose Faust's oder der Flug durch den unermeßlichen Raum in Byron's „Kain" von den Emotionen bedingt war und uns durch Emotionen verständlich wird, — wo fängt dann die Cogitation an!

Laut Nordau sind die Genies der That die höchsten Genies? Diese sind ohne Einbildungskraft undenkbar. Außerdem hängen sie bei ihrem übermäßig entwickelten Willenscentrum erst recht von den Emotionen ab, wie denn überhaupt der Wille von den Emotionen abhängt.

Nun denn, wir stellen dem die Behauptung entgegen, daß die Denkerdichter eine superiore Gattung des Genies vertreten. Denn diese besitzen eine unendlich viel klarere Einbildungskraft, welche die Vorstellungen sofort in Gestalten umsetzt, und ein so gewaltiges Urtheilscentrum, daß sie die unsinnlichsten Vorstellungen ihrer Imagination nicht wie der Denker in bloße nackte Gedanken, sondern sozusagen in lebendige Gedankenthaten, in wesenhafte Gedankenwelten umschaffen.

Daher nennt das griechische Wort mit Recht die Poeten „Schöpfer." Diese Fähigkeit erfordert aber auch eine gewaltige Willenskraft. Ein Psychologe würde ein interessantes Studium darin finden, zu verfolgen, wie ein latentes dichterisches Genie sich aus schüchternen Anfängen des Unbewußten ins Bewußte hinüberringt und unablässig, von einem innern Fortentwickelungsgesetz geleitet, seinem unsichtbaren Ziele entgegeneilt — wie Siegfried in seinem Zauberkahn, den ein „eigener starker Wind" des Schicksals zu lenken scheint, während er in Wahrheit sich selber lenkt. Wenn der Dichter auf den Trümmern individueller Emotionen, von denen sonst Jeder beherrscht wird, seine unsterblichen Gebäude errichtet, da liegen Großthaten des menschlichen Willens in den geheimnißvollen Tiefen des Unbewußten verborgen, die sich mit keiner Großthat der Realität vergleichen lassen.

„Bändiger der Menschen" nennt Nordau die Genies der That. Ja wohl, „Bändiger!" Die Bestie bändigt man durch Hunger und Prügel und wendet sich an die schlechtesten Triebe: Begierde und Furcht. Hätte selbst ein Urgenie wie Napoleon sich nicht an diese schlechten Triebe gewandt, so wäre er sein Leben lang Artillerielieutnant geblieben. Und selbst das hätte nichts gefruchtet, wenn nicht Glück und Zufall ihn begünstigt hätten. Wer hunderttausend Menschen bedarf, um seine Ideen zu entwickeln, hat wohl scheinbar ein ziemlich saures Metier. Da die Menschheit aber eine unselbstständige Heerde vorstellt, so braucht er sich bloß einmal zum Leithammel durchzuarbeiten: dann geht Alles von selber.

Der Dichterdenker braucht Niemanden. Er ist sich selbst eine Welt. Er ist unabhängig von Glück oder Zufall. Er besiegt sein Schicksal in seinen Schöpfungen. Er überwindet die Welt wie seine Emotionen. Er ist der eigentliche Individuationsmensch und in sich das eigentliche Genie, die zugleich originellste und erhabenste Naturerscheinung.

Freilich giebt es einen noch höheren Typus des Genies, für welchen begreiflicherweise Nordau in seiner Aufschauung überhaupt keinen Raum findet. Es ist dies der gekreuzigte Weltheiland, der heilige Schmerz in Gestalt der Gottmenschen Christus und Buddah. Diese sind die Dichter aller Dichter, die Denker aller Denker, die Wohlthäter aller Wohlthäter.

Denn nicht auf dem Willens- und Urtheilscentrum beruht das Glück des Menschen, sondern grade auf seinen Emotionen. Wer diese zu veredeln und vom Thierischen abzuscheiden weiß, wer diese aus automatischer, also in's Selbst gefesselter, Bewegung zu freier Willensthätigkeit erheben kann, indem die Emotionen sich aus dem Ich heraus dem Allgemeinen liebevoll vermählen, — der allein hat den Menschen die wahre Fortentwickelungsfähigkeit geschenkt. Und so hat denn auch das Christenthum, welches weder Staatensysteme gründete noch Dampfmaschinen erfand, allein aus seinen emotionellen Impulsen heraus die neue Kultur bis auf unsere Zeiten geschaffen und fortentwickelt.

Wenn Nordau dem Geiste Napoleons einen so hohen Rang anweist, so haben wir nichts dagegen einzuwenden. In einem neuen Werke, „Napoleon als Feldherr" von Graf York von Wartenburg, finden wir z. B. Details über die unerhörten Schwierigkeiten, mit denen dieser unerschütterliche Geist in Egypten kämpfen mußte, welche uns die Spannkraft des moralischen Wesens an ihm, wie kaum sonst an irgend Jemandem, bewundern lassen.

Dieser selbe Gewaltige fand aber auf St. Helena die Erkenntniß, daß die Verneinung des rohen Willens die höchste That des Willenscentrums sei. So wenigstens deuten wir es, wenn wir ihn also über das Evangelium reden hören: „Das ist kein Buch, sondern ein lebendes Wesen mit einer Thätigkeit, einer Macht, die alles überwältigt. Man bewundert die Eroberungen Alexanders. Doch hier ist ein Eroberer, der zu ihrem Besten an sich zieht, mit sich vereint und inkorporirt nicht eine Nation, sondern das Menschengeschlecht. Die menschliche Seele mit allem ihrem Vermögen wird ein Annexum Christi."

Dieses höchste aller Genies, das moralische Genie, wird erzeugt durch die höchste Verbindung von Emotion und Cogitation, indem es die Cogitation in Emotion und die Emotion in Cogitation verwandelt. Es ist auch das höchste Willensgenie, indem es den Willen selbst überwindet.

Diese Verneinung des Willens d. h. der Jchgedanken nennt man auch Pessimismus. Und da nun der Pessimismus nothwendig das besondere Vorrecht der edelsten und begabtesten Naturen sein muß, so schließen wir logisch mit einer Beleuchtung des Pessimismus, welcher eine wesentliche Bedingung aller Genialität ist. Wäre das Genie laut Nordau's absichtlicher Annahme kalt, hart, mit einem Worte absolut egoistisch, so würde es statt der höchsten Normalgestalt des Menschenthums nur eine interessante Abnormität darstellen. Es wäre dann freilich vor allen Emotionen gefeit und in sich glücklich, also von dem Pessimismus andrer ringender und strebender Erdenbewohner ausgenommen. Da aber umgekehrt bei genialen Naturen die Emotionen unendlich viel stärker als bei gewöhnlichen Naturen entwickelt sind, so wird auch hier der Pessimismus weit mehr als anderswo die Grundlage des Willens bilden.

Nun hat Nordau seine „Paradoxen" mit dem seiner würdigen Versuch eröffnet, nicht nur die Berechtigung, sondern auch die Existenz des Pessimismus zu leugnen.

„Pessimismus" und „Optimismus" sind allerdings nur leere Worte. Die Begründung derselben durch Schopenhauer und seine Gegner ist insofern ein Fechten um des Kaisers Bart, als die indischen und griechischen Weisen das Alles lange vorher viel tiefer und klarer ausgedrückt haben.

Nordau unterscheidet nun den wissenschaftlichen und praktischen Pessimismus. Bezüglich des Ersteren betont er die naive Ueberhebung des Menschen, welcher von der Annahme ausgeht, das menschliche Bewußtsein sei die höchste Leistung der Natur, so daß es alles Seiende zu umfassen vermöge und seine Gesetze auch die des Weltalls sein müßten.

Daß der Mensch direkt an dem Kosmos keine Kritik anlege, ist uns neu. Für ihn ist alle Phänomenologie doch immer nur auf die Erscheinung unsres Erdballs beschränkt. Wenn er nun in dieser Hinsicht über die ihm sichtbare „Natur" urtheilt, sie werde von „rohem Zufall" gelenkt, so widerstreitet dem doch schon der Darwinismus auf's Schärfste.

Die Unsittlichkeit des Weltlaufs tritt überhaupt dem Menschen immer nur im Menschenleben selbst wirklich verständlich entgegen, da er über das Wesen der Thierwelt doch nur begränzte Vorstellungen hat. Wenn also wirklich ein Denker bestimmte Kritik an der gesammten Welterscheinung üben wollte, von welcher ihm doch nur ein kleiner Bruchtheil in die Erscheinung tritt, so würde er allerdings Nordau's Hohn verdienen. Es ist dies aber schon durch die Begränzung des Menschengeistes ausgeschlossen. Wenn Nordau zugiebt, die Natur habe weder Logik noch Moral und sie solle sich entweder bessern oder machen, daß sie verschwindet — so ist unter dem selbstbetrügenden Ausdruck „Natur" immer nur die „Menschennatur" verstanden. Aller Pessimismus ist rein anthropomorphisch. Wie aber Nordau dem Menschen die Berechtigung bestreiten will, an das Wesen und Leben der Menschengattung selbst die Postulaten seiner menschlichen Moral und Logik heranzutreten, ist schwer begreiflich.

Ganz gewiß muß sich der Mensch darüber klar werden, daß der Kosmos nicht seinetwegen da sei und daß er die großen Gesetze, denen auch der Mensch als Theil des Kosmos unterworfen ist, ruhig hinzunehmen habe. Kein halbwegs Gebildeter

„Kain" und „Don Juan," welcher übersprudelnde Humor in seinen Briefen!

Daß diese erlauchten Geister mit viel größerer Intensivität das Weltweh empfanden und mit unerhörter Beharrlichkeit an der Erkenntniß des Weltwehs festhielten, ist nicht ein Beweis eines kränkeren, sondern eines abnorm kräftigen Gehirns. Der Durchschnittsmensch ist nicht im Stande, in den Abgrund der letzten Fragen tief und unablässig hineinzuschauen, ohne sofort in Wahnsinn und Selbstmord zu verfallen. — Uebrigens mag Nordau dann auch getrost Shakespeare zu den zerrütteten Organismen rechnen. Denn so fürchterliche Aufschreie des Weltschmerzes, wie im „Macbeth," „Lear," „Hamlet" und in den Sonnetten des Letzteren suchen wir bei allen sogenannten Weltschmerzdichtern umsonst. „Müd' alles dessen, schreie ich nach ruhevollem Tode": hebt eine dieser Selbstbeichten an, und nun beginnt ein Register menschlicher Gemeinheit, bei dem man so recht fühlt, wie tief der große Dichter selbst von ihr verwundet sein muß. War er darum ein zerrütteter Organismus?! Nein, er war nur ein ideal gesinnter und machtvoller Geist, dem die Krankheit und Schwäche seiner Mitmenschen um so greller durch den Contrast erschien. Der Grundzug aller genialen Poesie ist der Pessimismus. Aber diese Schöpfungen sind alle von der ewigen Schönheit überflutet, deren glänzendste Zeugen sie selber sind. Diese Schönheit bedingt Lebenslust und Genuß des Schönen auf Erden.

„Nun gut!" sagt Herr Nordau. „Also auch mit diesen Pessimisten stand es gar nicht so schlimm. Beweis mehr für meine Behauptung: „Der Urinstinkt, der allem Denken und Thun der Menschen zu Grunde liegt, ist der Optimismus.""

Die Beweise hierfür grenzen an's Alberne. — Jeder Mensch nehme den Tod gelassen hin? Das ist wohl kaum richtig, wäre aber doch nur ein Beweis stumpfer Resignation. — Ein hundertjähriger Greis bedauere einen Jüngling, der mit fünfundzwanzig Jahren sterben mußte. — Das müßte als subjektive Dummheit gelten, da doch die weisesten Stimmen aller Völker den Jüngling glücklich priesen, wenn er im Mai des Lebens starb. — Wir reisen auf Eisenbahnen, obwohl von weniger als vierzehn Millionen Reisenden jährlich einer getödtet wird. Hingegen sind einmal vierzehn Millionen Lotterie-Loose à 1 Franc gelauft, auf die Hoffnung hin, daß der Haupttreffer 500,000 Fr. betrug. — Das Eine ist nur ein Beweis der Gelassenheit, mit welcher der Mensch das Nothwendige thut. Uebrigens ist die Gefahr auf der Eisenbahn nicht größer, als wenn man von einem Pferdebahnwagen absteigt oder über einen von Fuhrwerken belebten Platz geht. Gefahr ist überall und der Mensch giebt grade einen Beweis seines Pessimismus, indem er gleichgültig am Rand des Abgrundes, wie der Schweizer Grosbauer, aus purer Gewohnheit hinwandelt.

Auch das andere Beispiel zeigt einen tief pessimistischen Grundzug. Denn welche Zerrüttung gesunder Vernunftanschauung verräth es, wenn ein Mensch ein Geldstück, für das er sich ein Beafsteak kaufen könnte, an das winzigste Minimum einer Hoffnungsmöglichkeit daransetzt! Er verzweifelt also gänzlich, auf normalem Wege irgend etwas zu erreichen, so daß er selbst nach der albernsten Chimäre hascht wie nach einem letzten Strohhalm. — Uebrigens mag bei den Meisten auch bloße Laune mitspielen. Außerdem ist doch nicht die Möglichkeit an sich ausgeschlossen, daß das Loos ihn trifft? Einen muß es doch treffen? Es giebt Hoffnungen, die nicht einmal so viel Hasse besitzen. Der Gegensatz mit dem Eisenbahn-Gleichniß ist auch unrichtig. Denn während das große Loos unbedingt in dem betreffenden Jahre Einem zufallen muß, ist durchaus kein Muß vorhanden, daß ein Eisenbahnunglück stattfindet. Das Eine ist Nothwendigkeit, das andere Zufall.

„Wer von uns würde je einen Beruf wählen, wenn wir nicht hartnäckige Optimisten wären?!" Aber, Herr Nordau, leben muß doch Jeder! Woher nehmen und nicht stehlen? Es ist gar nicht anzunehmen, daß Irgend einer verkenne, daß „von fünfzig Avantageuren nur einer General, von hundert Aerzten nur einer Universitätsprofessor" werden kann. Wer ganz besondere Kräfte in sich spürt, mag ja einer ersten Stellung zustreben; Fleiß und Glück werden dann seinen Erfolg bestimmen. Die überwiegende Menge ist aber zufrieden, wenn sie nur eine leidliche Existenz in ihrem Berufe erringt. Das Alles hat weder mit Optimismus noch Pessimismus zu schaffen, sondern mit der einfachen Nothwendigkeit.

Das Ende von all' den Hypothesen bleibt dann, daß Nordau „Optimismus" d. h. eine heitere frohsinnige Weltanschauung mit der „Hoffnung" verwechselt, welche vielleicht durch die innere Reaction grade am stärksten in pessimistisch angehauchten Gemüthern arbeitet. Wenn das Optimismus ist, so hat Göthe dies viel klarer ausgedrückt:

„Wir könnten's nicht ertragen, hätt' uns nicht
Den holden Leichtsinn die Natur verliehn."

Kann es aber etwas Pessimistischeres geben als die Erkenntniß, daß man einen thörichten Leichtsinn ewig getäuschter Hoffnung in sich ausbilden müsse, um das Lebens Unerträglichkeit zu mildern? Schon Kant nannte ja Hoffnung und Schlaf die einzigen Panazeen des Lebens — also eine leere Chimäre der Einbildungskraft, deren Postulate fast immer der Realität zuwiderlaufen, und das Gefühl des Nichtseins im Schlaf. Fürwahr, ein hübscher „Optimismus," dieser Verzweiflungscoup der Imagination, Hoffnung genannt!

Nordau erklärt ferner die Arbeit, für absolut nothwendig, nennt ihn „den Erhalter unsres Lebens und die Quelle der intensivsten Lustempfindungen." Denn er rege uns zur Anstrengung an, seiner Ursache entgegenzuwirken; diese Anstrengung aber sei mit der höchsten Anspannung unserer Fähigkeiten verbunden und gewähre die Befriedigung, die mit Bethätigung der Individualität verbunden ist.

Das klingt nun sehr schön. Daß der Schmerz aller Gefühle kräftigstes ist, steht fest, und daß der wahre Idealismus sich nur aus ihm gebären kann, auch. Aber mit dem „seiner Ursache entgegentreten" hat es denn doch seine eigene Bewandtniß. Von was für einem Schmerz redet Nordau denn eigentlich?

Hat man Zahnschmerzen, so ist freilich nicht abzusehn, inwiefern sie zur Bethätigung der Individualität beitragen können. Sie wären besser nicht da. Da es aber sind, so führt die „höchste Anspannung unserer Fähigkeiten" dazu, den Zahn ziehen zu lassen. Aehnlich bei jedem Körperschmerz und jeder Krankheit — wobei immer noch völlig in Frage steht, inwiefern diese Uebel uns von Nutzen sein können. Meist bilden sie im Gegentheil, ebenso wie Greisen- und Kindesalter und alle Schwächezustände, nur den Egoismus schärfer aus.

Hunger thut weh. Man sucht seine Ursachen zu vertreiben, indem man arbeitet. Sehr oft, ja meist fehlt aber die gewinnbringende Arbeit — was dann? Die „Anspannung aller Kräfte" mag dann wohl eintreten, aber die „Befriedigung der individuellen Bethätigung" — wo bleibt dann die? Kein Gott wird dem verhungernden Arbeiter einreden, daß dieser Schmerz heilsam und nothwendig sei. Was soll die forcirte „Anspannung aller Fähigkeiten," wenn sie erfolglos ist, da Nordau an einer andern Stelle seiner Bücher die Arbeit doch direct für ein Uebel erklärt und meint, der Mensch müsse nicht mehr arbeiten, als er grade zum Unterhalt brauche.

Wie sieht es nun aber mit den Seelenschmerzen? Nordau erklärt, jede Unzufriedenheit führe dazu, die unliebsamen Verhältnisse zu bessern. Ja, es bessert sich was! In den allermeisten Fällen steht der Mensch den Verhältnissen absolut ohnmächtig gegenüber und reibt seine Kräfte so lange vergeblich auf, bis er mürrisch mit dem Vorhandenen vorlieb nimmt und mit seinem Unglück paktirt. Allerdings liegt manchmal ein gewisser Optimismus grade in der Verzweiflung, indem diese bezeugt, daß irgend ein Gut ihr wichtig genug erschien, um den Verlust unerträglich zu machen.

Aber diese optimistisch-übertriebene Vorstellung von dem Werth eines Dings verschärft nur den Pessimismus der Hoffnungslosigkeit. Die Todten kommen nicht wieder. Befleckte Ehre ist unreparirbar. Selbst gesättigte Rachgier lindert den Stachel einer tödtlichen Beschimpfung nicht. Unglückliche Liebe oder erfolglose Ruhmgier können durch gar keine „Anspannung der Kräfte" zu einer befriedigenden „Bethätigung der Individualität" gebracht werden. Wenn der brave Schmidt in Zola's „Assommoir" sein weibliches Ideal, welches er als Gattin eines Schurken verkommen sehen muß, endlich als Prostituirte des Hungers wiederfindet, so wird ihm die „Anspannung" seiner Seelenkräfte wenig über den Schmerz hinweg helfen. Er „bethätigt" allerdings seine „Individualität", indem er ihr Obdach und Nahrung giebt, ohne sie physisch anzurühren — ob er aber eine „hohe Befriedigung" dabei empfindet, wird wohl zweifelhaft erscheinen. — Der Künstler, der seine Jugend den Studien geopfert und nach ehelichem Ringen einsieht, daß die Welt ihn ewig „verkennen" wird oder daß er sich über sein Talent getäuscht hat, spannt seine Kräfte an, indem er seine Bilder oder Manuscripte verbrennt. Das macht ihm sicher viel Spaß! — Man spannt auch seine Kräfte an, das Grab eines geliebten Todten zu besuchen und sich düstern Meditationen hinzugeben. Auch diese Bethätigung der Individualität gewährt gewiß eine innige Betriebigung!

Wozu über diese Aeußerei der Originalitätssucht noch ein Wort verlieren! Ein naiver Optimismus wäre stets nur Zeichen eines mangelhaften Verstandes oder auserlesen fühl-

losen Gemüthes. Dieser wahre Glückszustand des Eudämonismus, das schlechte Herz und die gute Verdauung, ist aber äußerst selten und wird noch seltener glücklich bis zu Ende durchgelebt. Der wahre Grundzug des Menschen ist der Pessimismus — ein der Seekrankheit vergleichbarer etelvoller Zustand des Unbehagens, der unablässig wieder auftritt, sobald das Lebensschifflein ein wenig in's Schaukeln geräth und die Magnerven das unsichere Schwanken ohne festen Grund nicht ertragen können. — Was Norbau Optimismus nennt, ist der Fatalismus des Seekranken, der sich um die Gefahr des Sturmes keine Sorge mehr macht.

Es läßt sich ja nicht leugnen, daß auch einige lustige Passagiere vorkommen, die auf Deck spazieren und, während die Matrosen sich abquälen, mit seefestem Magen Beafsteak und Rum genießen. Freilich riskiren sie, daß wegen allzugroßer Sorglosigkeit eine Sturzwelle sie durch eine offene Luke spült oder daß sie unversehens bei triumphirendem Herabsteigen in den Speisesaal ein Bein brechen! Denn jeder Optimismus irrt sich: es kommt immer ein Querstrich durch die Rechnung. Kurz, eine verschwindende Minderheit mag sich ja ganz wohl fühlen und für ihre egoistischen Triebe ein ausgiebiges Terrain auf Erden finden. Dazu gehört die Verbindung von Jugend, Gesundheit, Schönheit, Rang und Vermögen. Wie selten aber tritt eine solche Verbindung ein — und selbst dann muß sich ein roh praktischer Verstand mit einem falschen Gemüth damit verbinden, um einen Zustand optimistischen Behagens zu erzeugen. Uebrigens behauptet Hartmann, daß diese materiellen Lebensgüter keine positive Lust gewähren, sondern nur einen Nullpunkt der Empfindung bezeichnen, weil sie als der natürliche Zustand genommen werden.

Außerdem sind diese Güter so flüchtig und von Gefahren umgeben, daß oft die Furcht vor dem Verlust und die Sorge der Bewahrung die Wonne des kurzen Besitzes überwiegt.

Der Mensch im Vollbesitz alles materiellen Glücks ist unzufrieden mit sich selbst, wenn er nicht mit seinem Schicksal zu hadern braucht, — sobald nicht irgend eine außer ihm selbst liegende Erfüllung hinzukommt. Diese tritt bei der Majorität der Menschen in der „Liebe," respektive auch in der Familiengründung, auf. Schon hierdurch aber wird selbst im günstigsten Falle der Optimismus untergraben, indem die persönliche Freiheit an andre außerhalb liegende Bande dahingegeben wird.

Und nun vergleiche man mit diesen Ausnahmefällen die wahre Beschaffenheit des menschlichen Lebens, wo nicht nur Rang, Vermögen, Schönheit (also Ausnahmegüter), sondern sogar Kraft und Gesundheit so oft vermißt werden! Welch ein unermeßliches unerschöpfliches Meer des Elends in jedweder Form! Es bedarf aber gar nicht des direkten Elends, ja nicht einmal besonderer Seelenschmerzen, um die pessimistische Denkweise, welche dem Menschen angeboren ist, zur Entwickelung zu bringen. Der Begriff des Menschseins an sich ist bereits derartig peinvoll, daß man mit Schopenhauer das Leben als „ein Geschäft, das nicht die Kosten deckt" betrachten müßte. Denn der Mensch, als Sinnenwesen vom Standpunkt des Naturwissenschaftler à la Norbau betrachtet, scheint das allerunvollkommenste Thier. Physisch weniger geschützt als die niedrigsten Lebewesen, ist er obendrein zahllosen geistigen Qualen unterworfen. Jedes Thier erfüllt sorglos seine thierische Bestimmung, das Menschenthier hingegen trägt selbst beim übergreifsten Materialismus ideale Triebe in sich, die einerseits das bloß sinnliche Behagen verkümmern, andererseits auch im Idealen keine volle Befriedigung finden.

Der vollkommenste und glücklichste Mensch sieht immer noch vor dem Problem der Sünde, besonders in Gestalt der Sinnlichkeit und Eitelkeit, das in seinem Wesen verborgen liegt. Nein, eine optimistische, die Unlust abweisende, Betrachtung und Empfindung des Lebens ist von der Natur selbst

dem Menschen versagt. Sie hätte ihm ganz Körper oder ganz Geist machen müssen, um ihm ein befriedigtes Dasein zu sichern. So wie er ist, bleibt er ewig ein Chaos.

Da nun der stete Kreislauf des Begehrens und Unbefriedigtbleibens unleugbar kein erfreulicher Zustand genannt werden kann, so legt das Ungenügen jedes rein sinnlichen Lebens uns die Vermuthung nahe, daß der Mensch — mit zu viel Geistigem begabt, als er direkt für die Erde brauchen könnte — nur durch Aufgehen in das Unsinnliche innere Ruhe erlangen dürfe. Daß das ganze Leben nur „ein herzloser Kampf selbstsüchtiger Kräfte" u. s. w. sei, hat der Culturhistoriker Hellwald doch zu schroff formulirt. Der edlen Regungen, der guten Menschen giebt es noch genug. Aber diese ziehen meist den Kürzeren, weil nur die Selbstsucht, besonders wenn von Leidenschaft beflügelt, dem Menschen eine alles niederwerfende Energie und Arbeitslust verleiht.

Der Idealismus erklärt nun freilich, daß das Streben nach Vervollkommnung und das Gute an sich als Glück empfunden werde. Dies wäre — wohlgemerkt bei den wenigen Vervollkommnungsfähigen — entschieden richtig, wenn nicht das unablässige Einmischen der brutalen Wirklichkeit des Weltgetriebes und der stete Anblick der systematischen Selbstzerstörung dem Idealisten Gefühle des Ekels und der Verachtung erzeugten, welche selbst den Genuß geistiger Güter beeinträchtigen. So kommt denn der Idealist wie der Materialist zu der Anschauung Leopardi's: „Nichts lebt, was würdig der Herzensregungen. Bittre Langeweile ist unser Sein und Roth die Welt."

Denn gegenüber mahnt freilich Buddha: werde störungsfrei, begierdeusrei, wer nichts zu eigen haben will, der allein ist des Elends los.

Nun ist aber dieses Freisein von allen Begierden und Leidenschaften ein widernatürlicher Zustand. Im entnervenden stimmt Jnbegriff mag er einfach durch Lethargie erzeugbar sein. Für europäische Menschen ist die ganze Lehre ein Unding. Man denke sich einen buddhaistischen Franzosen! Nicht die Verneinung, sondern die Verstärkung des Willens hat den rastlosen Vorwärtsdrang unserer Civilisation ermöglicht. Ein starker Wille ist auch das Haupterforderniß eines normalen schönen Menschenthums und die Leidenschaften zu brechen wäre daher schwerlich empfehlenswerth. Der buddhaistische Pessimismus will eine Tugend, die keine Tugend ist. Denn lockt die Welt gar nicht mehr und sind alle Begierden erloschen, so kostet die Tugend nichts.

Es gilt vielmehr, den Willen und die Leidenschaften auf andere Ziele mit der gleichen dämonischen Stärke hinzulenken, mit welcher gewöhnliche Menschen sie sinnlichen Zielen zuwenden. Daher predigt Christus Mannszorn gegen das Schlechte, geißelt die Wucherer aus dem Tempel und bekennt, daß er gekommen sei, das Schwert zu bringen. Haß gegen das Schlechte ist eine glückbringende Leidenschaft.

Sie kann aber zu Selbstgerechtigkeit und zu Ueberhebung führen. Darum Christi unvergängliche Mahnung: „Wer sich rein fühlt, der werfe den ersten Stein auf sie." So bekennt auch Paulus: „Wir sind allzumal Sünder."

Durch die Erkenntniß unserer eignen Unvollkommenheit erwacht in uns Mitleid mit der Unvollkommenheit der Andern. Auch der berechtigte Geisteszorn und das Gefühl moralischer Ueberlegenheit, wodurch die bittere Empfindung der Selbstabsonderung erzeugt wird, schmilzt in einer Demuth dahin, welche aus Erkenntniß der Untheilbarkeit alles Seins hervorgeht. Drum verrichtet der Heiland an seinen Jüngern niedere Dienste. „So nun Ich, euer Herr und Meister, euch die Füße gewaschen habe, so sollt ihr auch euch untereinander die Füße waschen." Darum spricht auch der Welterlöser die

wenig beachteten abgrundtiefen Worte (Ev. Joh. 14, 12): „Wer an mich glaubt, der wird ebenso große Werke thun wie ich, ja wird größere thun wie ich." Diese wundervolle Ablehnung persönlicher Alleingeltung besagt also, daß nicht die Person des Gottmenschen, sondern sein Princip das ewig Zeugende vorstellt, dessen Wirkung sich in stetiger Evolution vererbt. Nach Ihm werden noch zahllose gekreuzigt und zahllose Wunder geschehn. Der eine Opfertod eines sündenlosen Menschen ist die Quelle alles Lebens in Ewigkeit, weil er das einzig Feste Unvergängliche darstellt, an welches sich der Glaube zu klammern vermag. Und der Glaube an das Ideale hat allein erlösende Kraft.

Noch höher aber als den Glauben stellt das Christenthum die Güte des Unbewußten, die freie selbstgeringachtende Liebe, ohne welche dem Apostel alles „klingendes Erz und tönende Schelle" erscheint. Hier hat der Erlöser die letzten Schranken durchbrochen. „Ihr sind viele Sünden vergeben, denn sie hat viel geliebt. Welchem aber wenig vergeben wird, der liebt wenig." Dem Schächer am Kreuze ruft er zu: „Morgen wirst du mit mir im Paradiese sein"; denn ein Gedanke wahrhafter Reue und Erkenntniß des Edlen wiegt vor dem erhabenen Richtstuhl der Liebe alle Sünden auf, während die eitle lieblose Gewohnheitstugend sich niemals selbst erlöst und ewig in den Fesseln des kleinlichen Ich schmachtet.

Dieses Mitleid, diese Demuth, dieser Glaube und diese Liebe sind nur passive Stagnation des Willenslebens, wie beim philosophischen Pessimismus. Sie schöpfen aus den Emotionen eine werkthätige Begeisterung, jenen Gemüthszustand, welcher nach der Staël schönem Wort „est de tous les sentiments celui-ci, qui donne le plus de bonheur." In diesem Sinne verstanden ist das Christenthum allerdings optimistischer Freude voll, indem es den Idealgesinnungszustand des Heilands anstrebt, von dem geschrieben steht: „Nun ist des Menschen Sohn verklärt und Gott ist verklärt in ihm." Der Begriff der Einheit alles Seins, des Irdischen und Ueberirdischen, der dämmernd im menschlichen Gemüthe schlummert, ist hier Wahrheit und Klarheit geworden — „mit der Klarheit, die ich bei Gott hatte, ehe denn die Welt war" (Ev. Joh. 17, 5). Sie lebt in den Worten Pauli: „Nach Ihm sehnet sich alle Kreatur. In Ihm leben, weben und sind wir." So kommt dem erlösten Geiste „die Gemeinschaft der Heiligen" d. h. die Verbindung mit allen großen und guten Geistern der Vergangenheit und der Mitgenuß all' ihres geistigen Schaffens. Das ist eine Beseligung und Erhebung der Seele, welche allen Schmerz des Pessimismus unter die Füße tritt. Das ist der Tröster, von dem der Erlöser kündet: „Ich will euch einen andern Tröster geben, daß er bei euch bleibe ewiglich: Den Geist der Wahrheit, den die Welt nicht kann empfangen, denn sie sieht ihn nicht und kennt ihn nicht. Ihr aber kennt ihn, denn er bleibt bei euch und wird in euch sein. . . . Aber immer mich liebt, den werde ich lieben und mich ihm offenbaren."

Und wie der Heiland mit den erhabensten aller Worte von hinnen schied: „Vater, vergieb ihnen, denn sie wissen nicht, was sie thun," — so wird der Idealist jeden Pessimismus abweisen, eingedenk der Worte: „So euch die Welt hasset, so wisset, daß sie Mich vor euch gehasset hat." Aber der Geist der Liebe hat ja dennoch diesen Haß besiegt und so wird der Idealismus ewig in sich selber Sieger bleiben.

So besiegt das Christenthum den Pessimismus durch den Pessimismus! —

Ja, dies ist die wahre Solidarität, der wahre Altruismus — den der darwinistische Materialismus dem Egoismus als coordinirtes Prinzip gegenüberstellt. Vergeblich wird man von Nordau's Standpunkt aus die Solidarität predigen. Die Sittlichkeitsmoral des Materialismus erklärt ja ausdrücklich, daß sie die Solidarität nur aus Nützlichkeitsgründen verfechte.

Denn Alles, was der Menschheit Wohl förderte, fördere auch den Einzel-Egoismus. Das ist mehr wie zweifelhaft; mag aber innerhin als wahr gelten. Um jedoch zu dieser Erkenntniß zu gelangen, bedürfte es einer geistigen und sittlichen Reife, von der die Menschheit noch Aeonen entfernt ist. Nicht durch die vielgeliebte „Cogitation" und das Verstehen der Naturgesetze läutert man den Menschen zu dieser Ueberwindung des Egoismus, sondern nur durch Veredelung seiner Emotionen durch den Idealismus. Alle Völkerfrühlinge der Menschheit, wo Freiheitsliebe, Patriotismus oder religiöser Opfermuth die Massen aus ihrer sonstigen Stumpfheit erhob, sind allein durch idealistische Begeisterung erzeugt. Nordau schließt seine „Schlußharmonie" mit einem bombastischen Lobliede auf die Zeit, wo die ganze Menschheit von dem Gesetz der Solidarität beherrscht sein wird: „Glücklich die spätgeborenen Geschlechter, denen es beschieden sein wird, umspielt von der reinen Luft der Zukunft, übergossen von einem hellen Sonnenschein in diesem Bruderbunde zu leben, wahr, wissend, frei und gut."

Diese Zeit wird niemals kommen. Sie würde auch die wahre Bestimmung des Menschen vernichten. Ewig wird er aufs neue sich selbst erlösen müssen im Kampfe mit der Welt. Wähnt Nordau aber wirklich die Menschheit diesem hohen Ziele entgegenzuführen zu können, so predige er statt der oberflächlichen einseitigen Weltanschauung des Materialismus, der sich an den wahren Abgründen des Lebens scheu vorüberdrückt, den Pessimismus des Christenthums.

Das ewig Wahre ist das ewig Eine und spottet aller „Paradoxe" geistreichelnder Originalitätssucht. Die „Conventionellen Lügen" sind Conventionelle Wahrheiten, die auf der mechanischen Weltordnung beruhen. Gegen sie zu zetern ist ein thörichtes und widersinniges Beginnen, zumal bei einem Darwinisten.

Aber über allem Conventionellen thront das unmeßbare

unfaßbare und dennoch ewig wesenhafte Ideale,
Seher singt:

Populär-medizinische Schriften

aus dem Verlage von **HUGO STEINITZ**, Berlin W

Die Schweningerkur. …

Die Terrainkuren. …

Kur für Magere …

Die Massage. …

Die Nervenschwäche …

Wie schützt man sich vor Infektionskrankheiten? …

Die Hysterie. …

Die Bedeutung von Krankheiten für die Ehe. …

Die habituelle Stuhlverstopfung. …

Die Elektrizität in der Medizin. …

Hypochondrie …

Das Ohr. …

Rachendiphtherie und Scharlach. …

Die Wasserkuren …

Die Elektrizität in der Heilkunde. …

Die Krankheiten der Lebemänner …

Die Krebskrankheit. …